設計屬於你的心理

建立情緒韌性

停止討好世界,幸福不是遠方的獎勵,
而是當下懂得善待自己

破解痛苦根源,重建自我價值
走出自我設限,幸福從此開始

擁抱脆弱,勇敢迎向自由
放下糾結,找回真正幸福

楊澄羽 著

目 錄

前言　從內心啟動人生的美好　　005

第一章　邁向真正的自由人生　　007

第二章　生活步調掌握在自己手中　　043

第三章　自我價值的深度經營　　075

第四章　情緒與壓力的輕鬆平衡術　　107

第五章　幽默的生活智慧　　137

第六章　打造輕鬆高效的工作節奏　　167

第七章　減法人生的幸福智慧　　199

目錄

第八章　由內而外散發光芒　　　231

結語　擁抱自我，活出真正的幸福　　　265

前言
從內心啟動人生的美好

　　每個人的心靈，都有無限的可能與美好。只是我們習慣將注意力放在外在，忽略了內心的聲音與智慧。當我們學會調整自己的心態，以正向、開放且溫柔的方式對待自我，生命將呈現出截然不同的面貌。

　　那些看似耀眼的光環，有時並不屬於我們。反而讓我們越走越遠，離真正的幸福漸行漸遠。許多人在夜深人靜時，會突然感到一種說不出的空洞與疲憊。即使擁有許多成就，內心卻依然缺乏那份踏實與安穩。

　　幸福，從來不是外界賦予的勳章。它藏在我們懂得善待自己的一舉一動中，藏在我們勇敢守護自尊與原則的堅定裡。當我們願意回望內心，誠實面對自己的需求與渴望，才能真正感受到生命的溫度與厚度。

　　讀完本書，你將逐步釋放壓力，提升對自我的接納與欣賞，讓心靈自由呼吸，享受屬於自己的幸福生活。無論你目前處於人生的哪一階段，無論你的心情如何，現在就讓我們一起與心靈對話，展開這場精彩而豐富的心靈旅程吧。

前言　從內心啟動人生的美好

　　接下來的每個篇章，都將成為你通往心靈自在與幸福的重要階梯，讓我們共同努力，活出一個真實而充滿喜悅的人生。

　　當生活迷霧籠罩，當外界聲音喧囂不斷，請記得回到這裡，與自己溫柔相處。即使世界再喧鬧，內心的光芒仍然可以溫暖你，指引你走向屬於自己的幸福。

　　請相信，走出束縛的你，擁有的不僅是自由的腳步，還有勇敢追尋幸福的心。讓我們一起踏上這段旅程，讓幸福不再是遠方的夢想，而是每天生活裡觸手可及的溫暖感受。

第一章
邁向真正的自由人生

第一章　邁向真正的自由人生

一、放下束縛，找回自我

1. 你真的自由嗎？

我們總是認為自由是外在的條件，像是財務自由、行動自由、言論自由。然而，更多時候，人們感到束縛的根本原因並非外在環境，而是來自內心深處看不見的枷鎖。這些枷鎖可能來自於過去的創傷、不安全感或自我懷疑，潛移默化地影響著我們的行動與選擇，讓我們無法真實做自己。

內心的束縛並不容易察覺，但它卻悄悄奪走了我們享受生活的能力。我們總是不自覺地將自己的行動與情緒綁在別人的評價上，害怕失去認可，最終失去了人生的主導權。你是否曾有以下的經驗呢？

- 做事總擔心別人怎麼看，導致不敢表達真實的自己。
- 因為怕失敗而遲遲不敢做出重要決定。
- 對自己極度苛求，覺得無論做什麼都不夠好。
- 過去的錯誤一直在腦海中揮之不去，影響現在的生活。
- 無法拒絕他人的請求，即使內心並不樂意。

這些現象,都是內心受限的明顯徵兆。我們必須先察覺這些束縛,才有機會開始改變。

2. 束縛的來源與辨識

束縛內心的因素很多,從童年經歷、社會期待,到自我評價都有可能。常見的內心束縛來源:

內心束縛來源	常見狀況	可能的內心反應
原生家庭影響	父母要求嚴格	害怕犯錯,追求完美
社會比較壓力	習慣與他人比較	產生焦慮、不安感
負面經驗累積	曾遭遇重大挫折	對未來缺乏自信
他人期望過高	不敢拒絕他人要求	犧牲自我、內心疲憊

每個人的內心束縛來源不同,但重要的是我們要學會辨識自己的心靈障礙,因為唯有如此,我們才能採取行動逐步放下它們。

3. 解開束縛的重要觀念

要真正解開內心的束縛,首先要掌握以下三個重要觀念:

第一章　邁向真正的自由人生

（一）接受自己的不完美

　　過分追求完美不僅帶來壓力，還會導致內心的掙扎與不安。真正的自在是源於對自己真實的接納，明白「完美」本來就不存在，而生命的美好往往來自缺憾與真實。勇敢接受自己的不完美，反而能使我們更自由自在地展現生命力。

（二）分辨可控與不可控

　　我們要懂得將自己的精力放在可以掌控的事物上，避免將注意力浪費在無法改變的事情或他人的行為上。如此能有效地減輕內心的負擔，讓心靈獲得自由與安定。

（三）專注於當下的力量

　　當我們過度沉浸於過去或焦慮未來時，便無法感受到當下的美好與自在。只有當我們專注於此時此刻，才能真正地感受到內在平靜，放下不必要的負面情緒，活出真正的自由。

4. 如何放下內心束縛？

- 接納自我：每天列出三個自己欣賞的特質或表現，學會欣賞真實的自我。
- 學習拒絕：從小事開始練習拒絕別人不合理或不喜歡的請求，建立健康的心理界限。
- 練習冥想：透過每天短短十分鐘的靜心，讓自己的心靈回歸當下，培養平靜與自在的感受。
- 停止比較：每天提醒自己，每個人的人生都有不同的節奏，減少與他人無謂的比較。
- 釋放過去：記下讓你難以放下的事件，然後寫出你從中學到的經驗與教訓，接著將它們象徵性地撕毀或焚燒，表達真正的放下。

5. 從內心自由到生活自在

小慧是一位公司的主管，外表看似成功，內心卻總是焦慮與不安。她無法拒絕別人的要求，也總是擔心自己表現不夠完美，內心疲累不堪。透過學習接納自我與明確的心理界

第一章　邁向真正的自由人生

限，她漸漸察覺到自己的束縛來自於原生家庭過高的期待與童年經歷。

小慧開始每天練習正念冥想與專注當下，主動設定明確的個人界限，漸漸她發現生活變得輕鬆自在，甚至工作績效也比以前更出色。她體會到，真正的自由並非來自外界，而是源於內心的解放與自在。

6. 內心解放後的改變

- 自信提升，勇於表達自我想法
- 情緒穩定，不再受外界干擾而焦慮
- 決策能力提升，不再猶豫不決
- 人際關係改善，建立健康互動模式
- 工作效率與生活品質全面提升

放下內心束縛並非一蹴可幾，但只要我們願意認真審視內心，並採取有效的行動，就能逐步釋放內心的負擔，找到真正的自由。人生的美好，正是從我們內心的自在與輕盈開始。

二、換個眼光看世界

1. 世界是你內心的映射

我們所處的世界其實並非絕對客觀，而是我們主觀心態的映射。同樣一件事物，不同的人會產生截然不同的反應與感受，這便取決於我們觀看世界的視角與心態。

曾經有心理學家進行過一個有趣的實驗，他讓兩組受試者觀看同一段生活片段。一組事先被告知影片內容較為正面，另一組則被告知影片較為負面。結果前者從影片中感受到的是希望與歡樂，後者卻認為片段充滿挫折與悲觀。這樣的結果清楚地證明：心態決定了我們眼中的世界。

因此，若想改變生活，最重要的不是強迫外在環境去配合自己的期望，而是從改變觀看世界的眼光開始。

第一章　邁向真正的自由人生

2. 看待世界的負面心態

人們經常不自覺地陷入一些負面的視角中，使得原本充滿可能性的世界變得灰暗沉重。第一種是「悲觀主義」，這類型的人習慣性預設最糟糕的結果，即便事情還未發生，心裡早已在預演失敗的劇本，導致他們難以勇敢行動。第二種是「過度一般化」，當他們面臨一次失敗，就輕易地認為自己永遠無法成功，從而抹煞了未來的機會。

還有一種常見的模式是「放大負面訊息」，這類人習慣性聚焦於生活中的小瑕疵或困難，卻忽略了整體情況其實是良好的。即使周圍有許多值得欣賞的地方，他們也往往看不見。最後則是「負面標籤」，這種人不僅對自己貼上負面標籤，也輕易地將他人定義為不好的人，長期下來，不僅人際關係受損，自身的情緒也變得日益負面。

這些負面視角，就像是蒙上雙眼的灰色濾鏡，使我們無法真實看見世界的豐富多樣與美好。

覺察自己是否有上述這些傾向，是轉換觀念、建立正面視野的重要起點。

3. 培養敏感度

(一) 覺察你的內心對話

首先,我們必須觀察自己內心的對話,留意自己平常是如何解讀周圍的世界。你習慣用什麼樣的詞彙與語氣來描述生活?負面的、抱怨的,還是正面的?覺察後再嘗試主動調整,這將有效改善你的心理狀態。

(二) 尋找正面訊號

在每個看似負面的事件中,其實都有隱藏的正面訊息。練習在每個困難與挫折中找出可能的收穫與機會,將改變你的世界觀。例如一次失敗的經驗,可能讓你學習更深刻的教訓,避免未來重蹈覆轍。

(三) 重新詮釋你的故事

我們的人生故事並非固定不變。你可以隨時重新詮釋自己過去的經驗。將挫折視為成長的機會、困境當成轉機,這樣正面的詮釋能帶來更好的情緒反應,幫助你更健康、更樂觀地面對生活。

第一章　邁向真正的自由人生

（四）減少批判，多一點理解

當我們習慣批判時，內心的負面情緒會自然升高。試著在遇到不順心的情況時，以理解與接納取代批判。如此一來，內心的平靜感將大幅提升，世界也會顯得更加和諧。

4. 轉變眼光後的生活改變

- 人際關係提升：由於減少批判與負面標籤，關係更親近。
- 內心更平靜：不再容易被外界環境影響，保持穩定情緒。
- 解決問題的能力增強：因為能看到問題背後的機會，而非只專注困難。
- 生活滿足感提升：能輕易察覺並感恩生活中微小的幸福。

5. 從負面到正面的蛻變

佳恩原本是一位典型的悲觀主義者,她總覺得生活充滿挫折與不公平,因此她的生活經常充滿抱怨與負面情緒。有一天朋友告訴她:「妳怎麼看待生活,生活就會怎麼回應妳。」

這句話讓佳恩開始反省,她逐漸覺察到自己內心長期存在的負面對話,並決定做出改變。她嘗試每天晚上寫下值得感恩的事,也開始減少對他人的批判,而多了一些理解與同理心。

幾個月後,佳恩發現自己逐漸變得快樂、自在。以前困擾她的人際關係逐漸改善,連健康與睡眠品質都提升了不少。她感慨地說:「改變眼光就像是幫人生戴上一副全新的眼鏡,世界完全不一樣了。」

6. 實踐轉念的小技巧

- 每天記錄三件值得感謝的事,訓練正向的習慣。
- 遇到挫折時,寫下此事可能帶來的潛在正面意義。
- 用鼓勵性的話語取代自我批評。

第一章　邁向真正的自由人生

- ◆ 定期與充滿正能量的朋友聚會，提升自我正向能量。
- ◆ 每天睡前回顧今天最美好的片段，加強正向的回憶。

負面思考的枷鎖，總讓人感覺日子沉重，前路灰暗。然而，當我們有勇氣去挑戰這種習慣，開始改變思考的方向時，整個人生的景色也會隨之轉變。從看見問題轉為看見可能，從擔憂失敗轉為期待成長，這樣的心態轉變，將為生活帶來前所未有的輕盈感。

當你逐步拆解那些潛藏在心中的負面念頭，你會驚喜地發現，原來樂觀並非遙不可及。它是一種選擇，是你每天都能練習的生活態度。雖然一開始可能不習慣，但隨著一次次的努力，樂觀將逐漸扎根，成為你應對世界的自然反應。

三、告別悲觀的習慣

1. 悲觀來自於慣性,而非天性

　　許多人總以為自己天生悲觀,彷彿悲觀是與生俱來的特質,但其實不然。悲觀並非命中注定的性格,而是長年累積而成的思考習慣。從小到大的經驗、環境的影響,以及個人對於負面經歷的解讀,都可能讓我們無意間養成悲觀的慣性反應。

　　當困難來臨,悲觀的人總會迅速想到最壞的結果。這種習慣性的負面預測,讓他們不僅感受到雙倍的壓力,也更容易放棄努力。然而,值得慶幸的是,既然悲觀是習慣的結果,就代表它可以透過後天的努力逐步改變。只要願意開始練習,我們便能脫離負面的思考迴圈,邁向更開闊的心理視野。

2. 常見的悲觀思考模式

　　我們之所以會陷入悲觀,多半是因為不自覺地掉入了某些負面的思考陷阱。以下是幾種常見的悲觀思考模式:

第一章　邁向真正的自由人生

悲觀思考模式	具體表現	常見的負面影響
災難化幻想	小問題被無限放大成巨大災難	長期恐懼焦慮，影響決策能力
非黑即白	事情非成功即失敗，缺乏中間地帶	無法彈性應對，容易放棄努力
負面自我標籤	習慣用負面語言形容自己，如「我就是沒用」	自信心崩潰，阻礙自我發展
過度推論	一次失敗便預測未來皆會失敗	害怕挑戰，生活被恐懼綁住

了解這些思考模式，是脫離悲觀的第一步。當你能辨識出自己經常出現的負面思考模式，便能及時調整，避免被情緒吞噬。

3. 開始建立樂觀習慣

（一）意識到悲觀的存在

改變從察覺開始。試著留心每天內心出現的負面念頭，並記錄下來，找出反覆出現的悲觀模式。

(二) 中斷負面思考迴路

當發現自己陷入負面思考時,主動停止思緒的蔓延,換個角度思考,例如「這或許是個新機會」。

(三) 設定正向回饋機制

每當成功用正面觀點取代悲觀想法時,給自己一個肯定的暗示,像是「我做得很好」,強化正面習慣。

(四) 練習彈性思考

嘗試用不同角度解讀事件,理解事情不只是「成功或失敗」,而是多元選擇的組合。

(五) 建立正向社交圈

與正面的人相處,讓樂觀的態度互相感染,形成支持性的環境。

4. 樂觀思考的好處

- 心理韌性提升：樂觀的人能更快從失敗中恢復，面對挑戰不輕言放棄。
- 身體健康改善：研究證實，正向思考能降低壓力荷爾蒙，強化免疫力。
- 處事能力增強：正面看待問題的人，能冷靜尋找多種解決方案。
- 人際關係更佳：樂觀者更受歡迎，容易建立積極互動的人脈。
- 成功機率提高：樂觀能帶動行動力，抓住更多成功的機會。

5. 實踐轉換悲觀習慣

明倫曾經深陷負面思考的困境。每當接到新的工作任務，他的第一反應總是「這一定做不好」。這樣的負面預測使他猶豫不決，效率低落，甚至錯失多次晉升機會。

有一天，他讀到一句話：「思想會決定結果。」他開始反思，自己是否總是被負面念頭主導。於是，他開始試著每

天記錄自己的負面想法,並練習將它們轉化為正面的語句。例如,「這工作很難」轉變為「這是提升能力的好機會」。

　　透過持續練習,明倫逐漸培養起正向思考的習慣。他不僅在職場上更有自信,也開始嘗試參加新挑戰,與同事建立了更和諧的合作關係。最終,他成功獲得晉升,並坦言:「當我學會用樂觀的心態看待問題時,我的人生也因此展開了新的篇章。」

6. 生活中的練習

- 每天記錄一則負面想法,並寫下三種正面解讀方式。
- 設定每週小目標,並用正面語言激勵自己完成。
- 多參與能帶來新視野的活動,例如閱讀成長類書籍或參加交流課程。
- 每晚回顧一天中最正面的時刻,培養感恩心態。
- 與信任的朋友分享轉變歷程,從中獲得正面支持。

7. 樂觀習慣帶來的真實改變

樂觀不只是情緒上的輕鬆,而是一種深層的生命態度。當我們選擇用樂觀的心境看待挑戰,我們就會發現:許多我們曾經擔憂的事情,其實並不像想像中那樣可怕。反而,那些挑戰成為磨練我們能力的寶貴機會。

養成樂觀習慣後,我們的行動力會明顯提升,不再因害怕失敗而停滯不前。每天都能帶著期盼和信心面對生活,即便遇上挫折,也能迅速調整心態,重新上路。同時,這樣的正向能量還能感染身邊的人,讓整體生活環境變得更溫暖、更有支持力。

四、學會從壓力中解脫

1. 壓力無處不在，學會與它共處

現代生活節奏急促，壓力早已成為許多人生活中的常態。無論是職場競爭、人際關係，還是家庭責任，每一天似乎都有處理不完的挑戰。很多人以為，只有當壓力完全消失時，才算是真正的解脫，但事實上，壓力本身並不全然是負面。適度的壓力能激發潛能，使人變得更加專注與有效率。

問題在於，當壓力過大，且未能有效釋放時，便會對身心造成長期侵蝕，使我們變得焦慮、疲憊甚至無力前行。因此，真正的關鍵不是消除所有壓力，而是學會正確面對它、與壓力共處，讓壓力成為促進成長的助力，而非拖垮自己的負擔。

2. 壓力來源全解析

壓力來源看似複雜，其實可以分為幾大類型。認清這些壓力的根本來源，是學習從中解脫的重要步驟。

- ◆ 環境壓力：如生活空間混亂、交通擁擠、吵雜聲音等，都會悄悄侵蝕心理能量。
- ◆ 心理壓力：來自內心的焦慮與擔憂，例如對未來的不安、對自我要求過高等。
- ◆ 人際壓力：與他人的互動中，產生的誤解、衝突或被期待所帶來的壓力感。
- ◆ 時間壓力：工作期限緊迫、任務堆積如山，讓人感到時間永遠不夠用。

理解壓力來源，能幫助我們釐清問題所在，進而對症下藥，而不是被籠罩在壓力的迷霧中不知所措。

3. 壓力對身心的影響

影響層面	壓力帶來的負面影響	積極管理壓力後的正面轉變
身體健康	失眠、頭痛、免疫力下降	睡眠品質提升，身體活力充沛
心理狀態	焦慮、抑鬱、情緒失控	心態平和，情緒穩定
行動效率	注意力渙散，效率低落	專注力增強，效率提升

四、學會從壓力中解脫

影響層面	壓力帶來的負面影響	積極管理壓力後的正面轉變
人際關係	易怒、溝通衝突頻繁	互動更和諧,建立良好關係

　　壓力若能妥善管理,實際上能激發潛能,幫助我們成長與蛻變。

4. 有效釋放壓力的方法

- 深呼吸練習:當感受到壓力時,深呼吸可以迅速安定情緒。試著慢慢吸氣四秒,屏息四秒,再緩緩呼氣四秒,重複數次,內心便能逐漸平靜。
- 運動排解:規律運動不僅能釋放壓力荷爾蒙,還能提升正向情緒。即使只是短暫散步,都能有效舒緩緊繃感。
- 時間管理:將繁忙任務拆解成小步驟,合理安排時間,避免堆積壓力造成焦慮。
- 心理宣洩:找值得信任的人傾訴內心感受,或者透過寫日記抒發情緒,都是極佳的紓壓方式。
- 學習冥想或正念:透過專注於當下的冥想練習,幫助自己從焦慮的思緒中抽離,回歸內心的寧靜。

5. 放下壓力重擔

若萱是一位在金融業工作的年輕主管,日復一日的高強度壓力讓她身心俱疲,甚至出現失眠與焦慮的情況。最初她選擇壓抑情緒,認為自己應該堅強撐住,但身體逐漸發出警訊。

直到有一天,她決定改變應對方式。若萱開始每天安排固定的運動時間,並利用短暫的深呼吸練習來緩解緊張情緒。此外,她還建立了「壓力日記」,將每天的焦慮與煩悶傾訴於文字之中,釐清內心真正的壓力來源。

幾個月後,她明顯感受到身心狀態的轉變。工作效率提升了,人際關係變得更加和諧,就連長期困擾她的失眠問題也有了改善。若萱深刻體悟:「壓力並不可怕,重要的是我們選擇怎麼面對它。」

6. 調整壓力心態的核心觀念

◆ 接受壓力的存在:無法逃避的壓力,不如坦然接受,學習與壓力和平共處。當我們不再對抗壓力,反而能減輕心理負擔。

四、學會從壓力中解脫

- 轉化壓力為動力：適當的壓力能激發潛力，驅使我們積極面對挑戰。將壓力視為目標達成的推手，而非絆腳石。
- 保留彈性空間：當計畫趕不上變化時，保留彈性空間能讓我們迅速調整方向，減少因挫折感而產生的壓力。

7. 培養持續釋壓的習慣

壓力管理不是一次性的任務，而是需要持續維持的習慣。透過日常生活中的微小行動，便能逐步培養良好的壓力應對能力：

- 每日留白時間：每天安排 15 至 30 分鐘的放鬆時光，讓大腦休息。
- 規律作息：保持穩定的睡眠時間，有助於降低整體壓力水平。
- 學習說「不」：適當拒絕過多的責任與請求，避免自己陷入過度負荷的狀態。
- 定期審視壓力來源：每月花時間回顧並調整生活中的壓力點，提前因應變化。

第一章　邁向真正的自由人生

- 建立支持系統：擁有支持自己的家人、朋友或專業輔導資源，能有效緩解孤軍奮戰的壓力感。

8. 從壓力牢籠走向心靈自由

當你真正學會釋放壓力，人生將展現出嶄新的面貌。不再被焦慮與壓力牽制時，你會發現自己的決策更清楚、目標更明確，甚至創意與效率也能大幅提升。更重要的是，與人互動時的態度也將變得更加寬容與包容，使得人際關係充滿正能量。

擁有良好的壓力管理能力，意味著你能在挑戰中保持從容，在變局中堅守內心的平靜。這樣的內在穩定感，將成為你面對生活所有不確定性的最強後盾。無論前方道路多麼崎嶇，你都能用冷靜與信心，邁步向前。

壓力如影隨形，但它從來不該成為人生的枷鎖。管理壓力並不代表脫離現實，而是在現實之中找到屬於自己的安穩之地。

五、發現生活中的美好

1. 幸福其實藏在日常細節中

很多人總以為,幸福是遙不可及的目標,是必須等到某個重大成就或特別時刻才會降臨的感受。然而,這種想法往往讓我們忽略了身邊那些微小而確實的美好時刻。事實上,真正持久的幸福感並不來自偶爾的大事,而是累積於每天生活的細微感受之中。

清晨一杯熱茶的暖意、家人之間簡單的一句關心、下班後夕陽餘暉映照的天空,這些看似平凡的片刻,正是幸福的真實容貌。當我們懂得用心感受日常,就會發現,生活早已悄悄地在每一天裡為我們準備了豐富的美好。

2. 美好不只來自外在,更是內心的選擇

許多人誤以為生活美好的程度取決於外在條件,例如收入、成就或他人的肯定。但實際上,感受美好更多來自內心

第一章　邁向真正的自由人生

的選擇與看待世界的方式。

即使面對挑戰與困難，如果我們願意保持一顆感恩的心，就能在逆境中發現成長的力量。相反地，即便擁有再多外在資源，若內心充滿不滿與埋怨，幸福也將與我們擦身而過。

選擇用正面的心態面對生活，不僅能讓我們更敏銳地察覺美好的存在，還能主動創造屬於自己的幸福時刻。

3. 培養發現美好的習慣

- 每日三件好事：每天睡前，靜下心來回顧當天，寫下三件讓自己感到美好的事情，即使只是短暫陽光灑落的瞬間，也能成為幸福的來源。
- 感官覺察練習：刻意放慢生活步調，專注於當下的聲音、氣味、溫度與視覺景象，讓自己與周圍環境建立更深的連結。
- 定期感恩反思：每週安排一次時間，靜靜思考並記錄過去幾天裡遇到的人事物，練習感恩與欣賞。
- 與樂觀的人來往：正向的人容易帶動我們對生活美好的敏銳度，互相鼓勵，彼此感染正能量。

◆ 主動創造美好時刻：不要只等待美好降臨，主動安排小旅行、親手做一頓飯或是給朋友一個驚喜，都是創造幸福的方式。

4. 轉變視角，重拾生活的色彩

　　湘婷是一位新手媽媽，育兒的繁忙讓她幾乎忽略了生活中的美好。每天面對孩子的哭鬧、家務的壓力與工作的挑戰，她漸漸感到疲憊不堪。她形容自己的生活像是一部不停運轉的機器，失去了感動與喜悅。

　　直到有一天，她參加了一場親子活動，活動中有一個簡單的練習：請每位媽媽分享一天中最讓自己感到幸福的三件事。湘婷起初苦思良久，卻發現當天孩子主動給她的一個擁抱，意外成為最溫暖的記憶。

　　自此之後，她開始每天記錄生活中的小確幸。孩子甜甜的笑聲、丈夫貼心的舉動、餐桌上一道成功的料理，這些簡單片段讓她重新找回生活的色彩。幾個月後，湘婷發現即使日常仍然忙碌，她的心態卻變得輕盈許多，對家庭的愛也更深刻而有力。

她由衷地體會到：「美好其實從未離開過我，只是我以前太匆忙，沒有停下腳步去感受它。」

5. 理解幸福是日常的選擇

在追求更好生活的同時，我們往往會不自覺忽略身邊已經存在的幸福。事實上，生活中的美好不需要等待特別時刻，它每天都以不同形式悄悄存在。

選擇去發現、去珍惜，就是我們對幸福最積極的回應。當我們學會從日常小事中尋找快樂，生活便會因為這些微小的光亮變得溫暖而明亮。

幸福並不是外在條件的堆積，而是內心的深刻體會。你所擁有的一切，如果用心去感受，都能成為生活的禮物。

6. 美好習慣帶來的深遠變化

當你養成發現生活美好的習慣，會驚喜地發現，整個人對生活的態度悄悄發生轉變。不再為微小的煩惱而憂心，不再因為不確定的未來而焦慮，而是學會珍惜當下，擁抱眼前的幸福。

這樣的改變不僅提升個人的快樂指數,也會影響到周圍的人際關係。你的正能量與欣賞美好的眼光,會感染身邊的親朋好友,創造一個溫暖的生活氛圍。更重要的是,你會發現自己的內在更為豐富與堅韌,即使面對挑戰,也能從容應對。

7. 用欣賞的眼光重新定義生活

生活中不缺少美好,缺少的只是一雙善於發現的眼睛。當你選擇以欣賞的態度面對日常,原本看似平凡無奇的事物,將綻放出動人的光彩。陽光、微風、笑容、擁抱……這些溫暖的片刻,都在悄悄地構築你獨一無二的幸福風景。

第一章　邁向真正的自由人生

六、點燃內心的熱情

1. 熱情是推動人生的引擎

在我們追尋自由與幸福的旅程中,熱情就像是那股潛藏於心底的燃料。它能夠點燃希望、驅動行動,讓我們在挑戰面前依然保持前進的勇氣。失去熱情的人,即使擁有再多資源與機會,也難以真正感受生命的美好;而擁有熱情的人,即便環境艱困,也能從中開創光明的道路。

熱情不是單純的衝動或短暫的興奮,它是一種持續且深層的內在能量,能支持我們在困難時堅持下去,在平凡中尋找價值。當我們找到自己真正熱愛的事物,並讓這股熱情引導日常生活,生活便會充滿動力與目標感。

2. 如何重尋熱情？

熱情並非憑空而來，它通常來自於以下幾種來源：

- 自我實現的渴望：當我們做著能展現自身能力與天賦的事時，自然而然會產生熱情。
- 對意義的追求：當所做的事情能夠與價值感連結，例如幫助他人、推動正面改變，熱情便會隨之而生。
- 好奇心與探索欲望：對未知事物的好奇，會驅使我們不斷學習與成長，並從中獲得樂趣與投入感。
- 正面回饋與成就感：當努力獲得肯定或小小的成功時，熱情會被強化，驅使我們持續向前。

理解這些熱情的來源，有助於我們培養與維持內心的火苗。

3. 熱情流失的原因

然而，現實生活中，我們常常會感到熱情逐漸熄滅，甚至對曾經熱愛的事物感到疲憊。以下幾點是常見的原因：

- 過度壓力消磨：長時間的壓力使熱情變成負擔。

- 單調重複，缺乏新鮮感：日復一日相似的生活容易讓熱情冷卻。
- 忽視內心需求：為了迎合外界期待而壓抑自身興趣，逐漸失去初衷。
- 缺乏正向回饋：努力未被看見或肯定，導致熱情逐漸消退。

了解這些熱情流失的因素，是重新點燃熱情的第一步。

4. 喚醒熱情

- 重新找回初心：回想當初是什麼讓你心跳加速、眼睛發亮？找回初心，能夠重新點燃熱情之火。
- 嘗試新鮮事物：為日常生活注入變化，打破單調模式，例如學習新技能、參加不同的活動。
- 設立階段性目標：把大目標拆分成小步驟，享受每一次小小達成帶來的滿足感。
- 與熱情的人為伍：熱情具備感染力。多與充滿熱情的人交流，會激發自身潛藏的能量。
- 給予自己正面激勵：不要吝嗇給自己掌聲。即使小小進展，也值得肯定與慶祝，這是熱情延續的養分。

六、點燃內心的熱情

5. 從倦怠期重振

嘉宏是一位熱愛攝影的設計師，初入行時對工作充滿熱情，每次完成設計作品都能帶來極大的滿足。然而，隨著時間推移，來自客戶的修改要求愈來愈多，重複的案子讓他感到乏味與疲憊。他逐漸懷疑自己是否還適合這份工作，甚至萌生了轉行的念頭。

某天，他偶然參加一場攝影展，被一幅作品深深吸引。那張照片捕捉了平凡日常中溫暖動人的瞬間，喚起了他對攝影初衷的記憶。受到啟發後，嘉宏開始利用休假時間重新投入拍攝個人題材，不再單純為了工作接案，而是回到創作的純粹快樂。

漸漸地，他找回了對影像的熱情。這份熱情甚至影響到他的設計工作，讓作品風格變得更加生動有感。他坦言：「原來熱情不是離開了我，而是我忘了如何去呵護它。」

6. 建立持久熱情的策略

想要讓熱情長久不熄，除了短期的激勵，更需要長期的策略來滋養這份能量：

第一章　邁向真正的自由人生

- 了解內在渴望：隨著時間變化，個人的興趣與目標也會調整，定期重新向內探索，才能持續對焦熱情方向。
- 保持學習與成長：不斷學習新的知識與技能，可以讓熱情持續被激發，避免陷入倦怠。
- 平衡投入與休息：再熱愛的事情，也需要適當休息，避免過度投入導致疲勞。
- 設定多元目標：除了主要目標外，安排副目標或興趣目標，讓生活多元且豐富。
- 慶祝每一個小成就：無論大小，為每次成功慶祝，讓熱情不斷被正向強化。

7. 熱情是持續進步的動力

當熱情重新點燃，我們不僅感受到心理上的愉悅，還能在行動上變得更積極與有效率。熱情使我們願意付出更多努力而不感疲憊，並且在困難面前保持堅持不懈。

此外，熱情還能強化我們的人際關係。一個充滿熱情的人，往往散發著正面能量，能夠吸引志同道合的夥伴，共同創造更大的成就。

在職場上，熱情則是驅動創新的重要力量。無論是在解

決問題時,還是探索新領域時,熱情都能激發創意與執行力,推動我們持續突破自我。

8. 用熱情照亮前行的路

　　熱情不是一時的衝動,而是生命中持續燃燒的火焰。當我們學會主動點燃並呵護這團火,不論前路多麼未知與崎嶇,都能照亮我們前進的方向。

　　別再等待靈感從天而降,也不要把熱情寄託在未來某個不確定的時刻。你所需要的能量,其實早已潛藏在你的心中。當你主動點燃熱情,並在日常生活中細心維護,它將成為你前行道路上最可靠的明燈。

　　讓我們以熱情為燃料,迎接人生中的每一場挑戰,擁抱每一個新的開始。唯有熱情,能讓我們在平凡的日子裡活出非凡的光彩。

第一章　邁向真正的自由人生

第二章
生活步調掌握在自己手中

一、態度決定格局

1. 態度塑造你的世界觀

每個人看待世界的方式，會深刻影響他如何行動，以及他的人生格局。態度不僅是對待事情的方式，更是決定一個人能走多遠的關鍵。即使擁有天賦與才華，如果態度消極，遇到困難就容易選擇退縮；而即便起點普通，只要保持正確的態度，依然能在平凡中創造非凡。

態度決定我們是否願意向前邁步，也決定我們如何面對挑戰與未知。當我們以正面的態度面對世界，機會也會自然向我們靠近。相反，若時常以懷疑與退縮的態度行事，縱使機遇就在眼前，我們也可能視而不見。

從小地方開始培養正確的態度，例如在困難中尋找學習的契機，或在挫折裡尋找成長的可能，都是擴展人生格局的重要起點。

2. 不同態度的影響對比

態度的不同,會帶來截然不同的結果。以下是積極與消極態度在日常生活中的表現與影響對比:

態度類型	面對挑戰的反應	處理問題的方法	長期影響
積極態度	視為成長機會,主動應對	積極尋找解決方案	能力提升,格局擴大
消極態度	視為壓力來源,選擇逃避	迴避問題或抱怨現況	能力停滯,視野受限

從表中可以看出,積極態度不僅能提升當下的處理能力,長期而言更能擴展視野,形塑更廣闊的人生格局。

3. 培養格局的行動

- 主動學習新事物:即使當下看似無關緊要的知識,也可能在未來成為突破困境的關鍵。
- 面對困難時保持開放態度:用「這是學習機會」的心態取代「這是難題」的想法,能大幅降低心理壓力。
- 與具有遠見的人交流:多與擁有大格局的人交流,可以拓展自己的視野與思考方式。

第二章　生活步調掌握在自己手中

- 小處著眼，大處著手：從日常細節開始培養積極態度，逐步擴大視角。
- 經常反思自我限制：思考是否因為自我設限而錯失機會，並勇敢突破舒適圈。

4. 態度與選擇的關係

　　態度決定我們的選擇，選擇則塑造我們的命運。當我們抱持積極態度時，面對機會往往選擇迎接挑戰，即使未知帶來風險，我們仍會主動跨出舒適圈。相反，如果態度消極，即便面前有良機，我們也容易因為害怕失敗而裹足不前。

　　例如，同樣是面對工作上的調動，積極的人會視之為自我突破的契機，消極的人則可能將其視為負擔。兩種不同的選擇，最終將走向截然不同的人生道路。

　　因此，培養積極態度的同時，也是在為自己鋪設多樣且豐富的選擇道路。態度開放，選擇自然多樣，人生格局也會隨之擴展。

5. 態度能夠改變命運

子賢是一位剛畢業的年輕設計師。初入職場時，他發現自己總是被分配到較為瑣碎的任務，難以參與核心內容。許多同齡同事因此心灰意冷，認為自己被忽視，不再積極表現。然而，子賢選擇用不同的態度看待這樣的處境。

他告訴自己，任何一項任務都有其價值。即使只是修改圖檔或是整理設計資料，他也全力以赴，並在過程中主動學習設計軟體的進階技巧，積極請教前輩。漸漸地，他的專業能力與工作態度開始被上司注意到，逐步參與到更具挑戰性的案子中。

一年後，子賢被提拔為設計小組的負責人，帶領團隊參與大型品牌企劃。他深刻體會到，改變的關鍵不在於起點，而在於面對現況的態度。正是那份從容且積極的態度，讓他擴展了職涯的格局。

6. 打開格局，開拓全新視野

態度不只是面對挑戰的姿態，更是我們開拓人生格局的起點。當我們抱持積極態度，不僅能夠勇敢面對困難，還能

發現許多過去未曾注意到的機會與可能性。這種擴展視野的能力，將使我們在每個階段都能不斷成長，邁向更寬廣的人生道路。

我們不妨把態度想像成一扇窗，當我們選擇打開這扇窗，陽光、空氣與嶄新的景色便會映入眼簾。反之，若選擇將窗戶緊閉，我們的世界便會顯得狹小而昏暗。

持續培養開放與積極的態度，讓我們能在面對生活變化時保持彈性與勇氣，從而擁有更寬闊的格局與更多可能的人生選擇。

7. 態度影響長遠發展

一時的積極可能帶來短暫的成功，但能夠長期保持積極的態度，則能累積成影響深遠的成果。積極的態度能讓人持續成長，不斷突破原有的界限，也讓我們在競爭激烈的環境中脫穎而出。

當我們以積極的態度面對人生中的各種變化與挑戰，我們將更容易發現自身潛力，並且勇敢嘗試新領域，開拓更多可能性。長期而言，這種態度會使我們的格局越來越大，人生視野也越來越寬廣。

8. 改寫人生格局

　　態度是一種選擇，一種每天都能做出的選擇。選擇積極，我們便選擇了一條充滿可能性的道路；選擇消極，我們便封閉了許多潛在的機會。當我們意識到態度對人生的影響力時，就能開始主動塑造自己的命運。

　　無論出身背景、資源多寡，每個人都有機會靠態度擴展人生的格局。讓我們從現在開始，培養積極的態度，不斷開拓視野，拿起筆來，改寫屬於自己的人生劇本。

第二章　生活步調掌握在自己手中

二、培養行動力

1. 從態度到行動的關鍵轉換

許多人在培養積極的態度後，常常停留在想法層面，卻遲遲無法邁出實際的步伐。事實上，態度只是啟動行動的起點，唯有將態度化為具體行動，才能真正改變人生格局。再好的態度，如果沒有對應的行動，就像是一艘沒有動力的船，即使方向正確，也無法抵達目的地。

行動力不只是做事的速度，而是面對機會時，是否願意主動採取行動，不等待、不拖延。它決定了我們能否把態度中的期望，轉變成實際的成果。無論多微小的行動，累積起來都能成為改變的力量。

理解這一點後，我們便能更清楚地看見，態度與行動是相輔相成的，態度點燃意志，而行動則是燃燒這團火焰的氧氣。

2. 行動與停滯的差異

行為	對待機會的反應	面對挑戰的態度	長期結果
行動	把握機會立即行動	積極尋找解決方法	經驗累積，能力提升
停滯	猶豫觀望，拖延不決	拒絕挑戰，逃避困難	成長停滯，錯失機遇

迅速行動的人，習慣在機會出現時快速反應，即便面對不確定，也願意嘗試。而停滯型態的人則容易因猶豫不決而錯失良機，久而久之，錯過的不只是機會，還有自我成長的可能。

3. 培養行動力的實用方法

- 設定明確且具體的目標：模糊的願望無法驅動行動，明確的目標能讓步驟變得具體。
- 將大目標拆解成小行動：把龐大的任務化為簡單的步驟，降低行動門檻。
- 訂定行動時程表：為每一步驟設置完成時間，避免拖延成習慣。
- 建立行動激勵機制：每完成一個小目標就給予自己正向回饋，保持行動的動力。

◆ 與行動派夥伴同行：與同樣積極的人共同前進，互相鼓勵，提升執行力。

4. 行動與結果的連動關係

行動與結果之間，存在著明確的因果關係。當我們積極行動，便能增加成功的可能性。即使行動未必每次都帶來理想成果，但行動過程中的學習與經驗累積，將成為我們成長的重要養分。

相反地，若總是停留在計劃與想像中，缺乏實際行動，那麼無論多好的想法，最終都會隨時間流逝而消散。正因如此，將態度付諸行動，成為人生改變的必要步驟。

行動不僅是改變的起點，更是連結夢想與現實的橋梁。每一次勇敢的行動，都是向理想生活邁進的重要一步。

5. 微小行動創造巨大改變

雅婷是一位剛轉職到新領域的行銷新人，初期面對陌生的工作環境與挑戰，感到壓力重重。她本可以選擇被動接受

指派任務，但她決定採取主動行動的態度。

她每天設定三個小目標，例如主動向同事請教一個問題、提出一個創意點子、學習一項新技能。這些看似微不足道的行動，卻在不知不覺中累積了巨大的改變。

三個月後，她不僅熟悉了所有工作流程，還因為積極提出改善方案而獲得主管的肯定。雅婷深刻體會到：持續的微小行動，最終能夠帶來巨大改變，打開人生新局面。

6. 克服拖延，點燃持久行動力

拖延是行動力的大敵，許多時候我們不是不知道該做什麼，而是缺乏開始的動力。要克服拖延，可以從降低行動的心理門檻做起。

先從最簡單的步驟開始，不要強求一次完成所有任務。比如，準備寫報告時，先打開文件並列出大綱，而不是強迫自己馬上寫完全文。這樣能降低心理壓力，自然更容易持續行動。

同時，為行動建立明確的開始與結束時間，能有效避免拖延。與他人約定目標進度或使用提醒工具，也能強化自我約束力，點燃持久的行動力。

第二章　生活步調掌握在自己手中

7. 小習慣影響人生路徑

當行動力成為習慣後，人生的軌跡也會因此改變。習慣於主動出擊的人，面對機會時不再猶豫，願意勇敢嘗試，即便失敗也不氣餒。這種正向循環，會讓他們不斷累積經驗與資源，最終拓展出更寬廣的人生道路。

反之，習慣拖延或觀望的人，容易因為猶豫而錯失機會，久而久之形成惡性循環。這不僅影響職涯發展，也會對個人自信造成打擊，限制了人生的更多可能。

因此，行動不應僅是短期策略，而要成為長期習慣。唯有如此，才能在變化多端的世界裡，持續掌握前進的主動權。

8. 邁向屬於自己的未來

未來是由無數個今天所組成的，而今天的行動，正是我們對未來最好的投資。每一個積極的行動，無論多麼微小，都是在為理想生活鋪設道路。

不要等待「準備好」才開始，因為真正的準備是在行動中完成的。行動中學習，行動中修正，行動中成長。每一步

二、培養行動力

都讓我們離目標更近一點。

從現在開始,將態度化為具體的行動。讓行動成為每天的習慣,為未來累積無限的可能。

三、當外部動力消失時，自己點燃動力

1. 自我激勵的重要性

在生活與工作中，外部動力往往是推動我們前進的助力，例如來自家人的支持、上司的肯定或社會的期待。然而，現實是這些外部動力並不總是穩定存在。一旦外界回饋減少，許多人便容易陷入動力低落的困境。

真正能讓人持續邁進的，是源自內心深處的自我激勵。當外界的掌聲消失時，我們仍能靠自己維持熱情與行動力，這才是長久成功的關鍵。自我激勵讓人無論環境如何變化，都能主動向前，不被他人的看法所左右。

養成自我激勵的習慣，是培養穩定行動力的重要步驟。它讓我們即使身處孤獨與低潮，也能憑著內心的驅動力，堅持完成每一個目標。

2. 依賴外部動力的風險

動力來源	穩定性	對行動的影響	長期效果
外部動力	易變，受環境影響	短期提升動力，但持續性差	外界支持減弱時容易失去方向
自我激勵	穩定且可持續	持續驅動行動，遇挫不輕言放棄	長期保持成長與行動力

外部動力雖然能帶來短暫的推力，但長期而言，自我激勵才是穩定的能量來源。

3. 培養自我激勵

- 設立有意義的目標：選擇真正讓自己感到有價值的目標，內心才會有驅動力。
- 創造每日小成就感：即使是簡單任務，完成後也能產生正面回饋。
- 培養自我肯定的習慣：學會欣賞自己的努力，建立內心的獎勵系統。
- 保持學習與挑戰：持續學習新知，能讓自我激勵源源不絕。

◆ 記錄成長過程：用筆記或相片記錄每一點進步，累積成激勵自己的證明。

4. 以自我激勵逆轉低潮

紹鈞曾經是一名銷售員，剛入行時依靠業績獎金作為主要動力。初期成績不錯，但當市場環境轉變，公司削減獎金制度後，他的動力驟減，工作熱情也逐漸消失。

他意識到不能再依賴外部激勵，於是開始建立自我激勵的習慣。他每天為自己設定小挑戰，例如每天拜訪五位潛在客戶，即使未成交也視為學習經驗。他學習記錄每日收穫，並在每週回顧自己的進步與不足。

透過這樣的方式，紹鈞逐步找回對銷售工作的熱情。不久後，他不僅重回業績高峰，還成為團隊的激勵者。他深刻體會到，自我激勵讓他在沒有外界掌聲的時候，依然能持續前進。

5. 內在動力與長期堅持

自我激勵的力量來自於內在動力，這種動力不同於短期的情緒高漲，它能夠支持我們走過漫長的學習與努力過程。當外在環境變化莫測，內在動力是我們最可靠的依靠。

培養內在動力的方法之一，是專注於過程而非結果。當我們享受努力的過程，即使結果尚未出現，也不會輕易放棄。此外，善用自我對話，給自己正向的心理暗示，也是維持內在動力的重要技巧。

內在動力不僅能幫助我們克服短期困難，更能支持我們在長期目標中保持穩定前進，最終走向成功。

6. 自我激勵如何改變習慣養成

養成良好的習慣需要時間與堅持，而自我激勵正是維持這種持續性的關鍵。沒有外部壓力時，我們容易中斷已建立的好習慣，而強大的內在驅動力則能幫助我們克服惰性，堅持到底。

例如，想要培養每天運動的習慣，可以設立自我激勵機制：完成運動後記錄感受，逐步看到身體與心理的變化。

這種內在回饋能強化習慣，最終讓好習慣自然而然地融入生活。

當自我激勵與習慣養成結合時，我們不僅能達成單一目標，還能持續開拓更多成長的機會。

7. 用自我激勵走出自己的道路

每個人面對挑戰時，最終都要靠自己前行。外在支持終究有限，而真正能引領我們不斷向前的，是自我激勵的力量。

無論是在職場上突破瓶頸，還是在生活中追求自我成長，自我激勵都是推動我們堅持到底的重要動力。當我們學會不依賴外界掌聲，而是用內心的聲音激勵自己，便能真正掌握人生的主導權。

讓自我激勵成為每天的習慣，無論環境如何變遷，我們都能保持穩定前進。用內在的力量照亮前方的路，走出屬於自己的精彩人生。

四、擁抱變化，靈活面對未知挑戰

1. 面對變化的心態決定結果

生活中唯一不變的，就是變化本身。無論是職場環境、社會趨勢，甚至是個人的生活狀態，都會隨著時間而改變。對有些人而言，變化是壓力與焦慮的來源；而對另外一些人來說，變化則是成長與突破的機會。

關鍵不在於變化本身，而是我們用什麼態度去面對它。接受變化的存在，理解它無法避免，能幫助我們減輕焦慮感，轉而思考如何調整步伐，積極應對。

當我們學會擁抱變化，而不是逃避或抗拒，它便能成為我們開拓新局的力量來源。

2. 被動與主動面對變化的差異

面對變化的方式	心態反應	應對策略	最終結果
被動接受	焦慮恐懼，擔心失控	拖延觀望，逃避現實	受困於現狀，失去成長機會
主動擁抱	好奇積極，視為契機	探索新方案，靈活調整	拓展視野，創造新局

主動擁抱變化的人，能夠從變化中尋找機會與突破口，反而將變化轉化為成長的推力。

3. 靈活應對變化

- 保持學習習慣：持續學習新知，能夠快速適應外部環境的變化。
- 練習多角度思考：遇到變化時，從不同角度分析可能性，找到最佳對策。
- 減少對結果的執著：專注於過程，減少對特定結果的依賴，讓自己更靈活。
- 維持彈性計畫：設定靈活可調整的行動計畫，遇到變化時能迅速調整。

◆ 建立應變心態：日常中養成預留備案的習慣，讓變化不再令人措手不及。

4. 將挑戰轉化為新契機

沛琳是一位旅遊產業的經營者，多年來依賴穩定的觀光客流維持業績。然而，一場突如其來的全球變動，使旅遊業面臨前所未有的衝擊。同行業者多數選擇觀望等待，但沛琳選擇主動擁抱變化。

她開始轉型，推出在地深度文化體驗，並開發線上導覽課程，將過去實地旅遊的內容轉化為數位產品。雖然一開始遇到技術困難與市場考驗，但她堅持不懈，持續調整策略。

最終，她成功吸引新型態客群，甚至開拓國際市場。沛琳深刻體會到，變化雖帶來挑戰，但更帶來重新定義自我與開創新局的機會。

5. 調整期待，減少對變化的恐懼

對變化感到恐懼，往往是因為我們過度執著於過去熟悉的安穩狀態。當我們能夠調整對未來的期待，接受不確定性

本就是生活的一部分,便能減少面對變化時的焦慮感。

不要把變化視為威脅,而是視為一種自然現象。透過調整心態,我們能更輕鬆地接受現實,轉而將注意力放在可掌控的行動上,提升面對變化的適應力。

學會靈活面對變化,是提升心理彈性的關鍵。這種彈性讓我們能夠在各種局勢中保持冷靜,尋找屬於自己的應對之道。

6. 面對變化的破解方式

變化來臨時,人們常會陷入一些迷思,例如認為「變化一定意味著失敗」或「原有方式必須堅持到底」。這些想法限制了我們的思考與行動。

破解這些迷思的方法包括:用開放態度看待新選擇、嘗試小規模實驗以降低風險、與他人討論以獲取不同觀點。當我們突破這些固有框架,就能看見更多機會。

變化本身不會造成傷害,真正造成困境的,是我們僵化的思考模式。當我們突破這層限制,便能在變化中找到前進的路徑。

靈活的姿態擁抱未來

變化不是阻礙,而是成長的舞臺。當我們能夠用靈活的姿態擁抱變化,就能在未知中創造新的可能。與其畏懼變化,不如主動迎向它,成為改變的參與者,而非旁觀者。

持續培養靈活應變的能力,將讓我們在面對未來時更加從容。無論環境如何變動,我們都能依靠自身的彈性與創造力,開拓屬於自己的新路。

用開放的心態和積極的行動,讓變化成為人生的助力,而非阻礙。當我們學會擁抱變化,人生也會回應我們更多驚喜與收穫。

五、帶給他人正面的影響力

1. 態度決定人際互動的品質

在日常生活中，無論是工作場合還是私人交往，我們都無法離開與人的互動。而這些互動的品質，很大程度上取決於我們自身所展現的態度。一個帶著正面態度的人，即使不多言語，也能感染周圍的人；相反，負面的態度則可能使氣氛變得沉重，甚至影響到整體合作氛圍。

態度猶如看不見的磁場，會默默吸引或者排斥他人。當我們選擇以開放的心態面對人際互動時，能夠創造出正面循環，不僅讓自己處於良好的關係中，也成為他人願意親近和信任的對象。

人際關係的品質，往往決定我們生活的幸福感和事業的高度。選擇成為正面影響力的人，將能夠拓展人脈，並在人際互動中獲得更多成長與支持。

2. 不同人際態度的影響

人際態度	對話風格	與他人互動效果	長期影響
正面態度	尊重理解，積極傾聽	增強信任，促進合作	建立良好關係
負面態度	批判指責，忽視他人	產生對立，關係疏遠	影響形象，機會減少

　　正面的人際態度不僅能夠促進有效溝通，還能建立深厚的信任基礎，使人際互動更加順暢。

3. 培養正面人際態度的方法

- 練習積極傾聽：專注聆聽他人說話內容，給予對方充分的尊重與關注。
- 採取建設性回應：回應他人時帶著鼓勵與理解，避免批評或否定。
- 維持正面肢體語言：保持微笑與開放的身體姿態，讓對方感受到友善與接納。
- 主動釋出善意：在日常互動中主動關心他人，建立良好的互信氛圍。

◆ 適時表達感謝：感謝他人的付出與支持，增強人際間的正面互動。

4. 態度改變帶來的人際轉變

佳穎曾經在團隊合作中遇到困難。她性格內向，表達時常顯得冷淡，無意間讓同事覺得難以接近。久而久之，合作變得疏離，溝通也出現障礙。

意識到自己的態度影響人際互動後，她開始嘗試改變。她學會在會議中主動傾聽同事的意見，並用肯定的語言回應。她也開始在日常中主動問候同事，並在對方完成任務時表達感謝。

這些改變逐漸拉近了她與同事之間的距離，團隊氣氛變得更加融洽。最終，她被選為專案負責人，帶領團隊成功完成任務。佳穎深刻體會到，態度的改變，不僅改善了人際關係，也讓自己獲得更多的機會與成長。

5. 面對不同性格的人，保持良好的態度

在人際互動中，總會遇到性格各異的人。有些人外向開朗，有些人內向含蓄；有些人坦率直接，有些人則細膩敏感。

首先，尊重差異是基本原則。理解每個人都有其獨特的溝通風格與習慣，有助於我們調整互動方式。其次，保持開放心態，避免先入為主的評斷，讓對方感受到被接納。

良好的態度不代表要討好所有人，而是帶著誠意與善意去互動，即使觀點不同，也能在尊重中找到共同點，建立良好的溝通橋梁。

6. 正面態度如何影響人際擴展

一個具備正面人際態度的人，更容易吸引志同道合的夥伴。這種吸引力來自於積極互動中傳遞出的溫暖與信任感，使人脈自然擴展。

當我們持續在互動中釋放正面能量，他人也更樂於向我們敞開心扉，分享資訊與資源。這不僅能提升合作效率，還能創造更多意想不到的機會。

長期累積下來，這樣的人脈將成為我們成長道路上的強大後盾，幫助我們在關鍵時刻得到支持與協助。

7. 成為他人的貴人

在人際互動中，我們不僅能為自己創造良好的關係，也能成為他人生命中的貴人。當我們以正面態度對待每一次互動，或許一句鼓勵的話語、一個肯定的眼神，就能為他人帶來莫大的鼓舞。

成為他人正面影響力的人，不僅是對別人的善意回饋，也是自我成長的重要途徑。這種良性循環，將讓我們在人際互動中持續獲得正能量，並且在生活各方面收穫更多成就感。

選擇以正面態度面對每一段關係，無論環境如何變化，都能在人群中發光發熱，成為影響他人的溫暖存在。

六、持續成長，好習慣成就一生

1. 多面向成長的重要性

　　成長從來不只是單一方向的進步，它涵蓋了我們生活的各個層面，包括心態的成熟、能力的提升、人際的擴展與價值觀的深化。擁有多面向的成長態度，能幫助我們在不同情境中都保持學習的動力，使自己隨時處於進化狀態。

　　當我們理解成長不只發生在職場或學校，還可以存在於與人相處、面對挑戰甚至日常選擇中，便會發現成長的契機無所不在。這樣的態度，讓學習與提升變成生活習慣，而非階段性的追求。

　　成長是多角度的，當我們能在各個層面不斷提升，自然能構築更穩固的人生基礎。

2. 各層面成長

成長層面	具體表現	長期影響
心態成長	思考開放，情緒穩定	面對挑戰更冷靜，擁有心理韌性
能力成長	技能提升，知識拓展	增強競爭力，開創更多機會
人際成長	擴大交友圈，提升溝通力	獲得支持，強化協作能力
價值觀成長	深化自我認知，確立人生方向	決策更明智，生活更有深度

透過多層面的持續成長，我們能強化自身能力，獲得全方位提升。

3. 多面向發展的準備

◆ 保持學習熱忱：無論在哪個領域，都保持探索新知的渴望。

- 主動拓展人脈：積極參與不同場合，擴大視野。
- 練習開放心態：對陌生事物保持好奇，勇於接受新觀點。
- 持續自我反思：定期審視自己的成長進度與需要調整的方向。
- 結合成長與生活：將學習融入日常活動中，讓成長變得自然。

4. 應對各種變化

麗珍是一位從事教育工作的講師，起初她專注於提升專業知識，努力鑽研教學技巧。然而，隨著時間推移，她發現光有教學能力還不足以應對日益多元化的學生需求。

於是她開始拓展自己的成長範圍。她參加人際溝通課程，提升與學生及家長的互動技巧；她培養正向心態，學會以包容的態度面對不同觀點；同時，她也重新審視自己的價值觀，確立教育的初心與方向。

這些多面向的成長不僅豐富了她的教學風格，也讓她成為同事眼中的領導者與學生心中的良師。麗珍深刻體會到，持續且全面的成長，能為人生帶來深遠的改變。

5. 能力是累積而來的

　　當我們在不同領域同時持續成長，這些成長之間會產生相互促進的效果。心態的成熟能促進能力提升，人際關係的拓展也能激發新的學習動力，而價值觀的深化則能引導我們做出更明智的選擇。

　　這種累積效果會讓我們在面對挑戰時更加從容，在抓住機會時更加敏銳。成長不再是單一的努力，而是多面向共同作用的結果，使我們的人生越來越立體豐富。

　　每一點成長看似微不足道，長期累積卻能帶來質的飛躍，成就一個全面進化的自己。

6. 讓成長態度成為生活的習慣

　　最理想的狀態，是讓持續成長的態度融入日常，成為自然的一部分。當我們習慣性地尋求學習機會、擴展視野並挑戰自我，成長便不再需要刻意提醒，而是自然而然發生。

　　每天保持好奇心，勇於接受新的挑戰；在日常對話中尋找啟發，在平凡生活裡挖掘成長的種子。這樣的習慣會讓我們持續保持前進的動力，並享受成長帶來的成就感與滿足感。

第三章
自我價值的深度經營

第三章　自我價值的深度經營

一、找到內在真正的重量

1. 自我價值是生活的核心力量

每個人心中都有一份屬於自己的重量感，那就是自我價值。自我價值不依賴外界的肯定或比較，而是來自內心對自身存在意義與能力的肯定。當我們清楚自己擁有什麼，懂得珍惜自己的特質與貢獻，便能在任何情境下保持自信與穩定。

了解自我價值，是每一段成長旅程的起點。它讓我們在面對挑戰時不輕易懷疑自己，在遭遇挫折時不輕易放棄。當你真正明白自己的價值，無論外界如何變化，都能堅守自己的步伐，走出屬於自己的道路。

找到內在真正的重量，就是學會相信自己的存在本身就是價值的體現。

2. 自我價值高低的差異

自我價值	面對挑戰的態度	對他人的互動	內在感受
正面認知	自信迎接挑戰，視困難為成長機會	開放互動，樂於分享與合作	內心穩定，正面能量充沛
負面認知	容易懷疑自我能力，逃避挑戰	封閉自我，害怕表達意見	容易焦慮，自我否定感強烈

當我們對自身價值有正向的認知時，內心會產生穩定的力量，不僅面對外在壓力能從容應對，也更能建立良好的人際互動。

3. 發掘自我價值

- 正視自己的成就：回顧過往經歷，肯定自己努力與成果。
- 接納自身不足：了解每個人都有待提升的部分，學會包容自己。
- 尋找內在熱情：發掘那些讓你全心投入的事情，連結自我價值感。

第三章　自我價值的深度經營

- 收集他人的正面回饋：聆聽他人對你的肯定，從中發現自身亮點。
- 每日自我對話：透過正面的自我肯定語言，強化自我價值認知。

4. 了解自我價值，重拾自信

宜芬是一位職場媽媽，長期以來，她把大部分時間都投入家庭與工作中，卻逐漸忽略了對自我價值的認同。她總認為自己只是「一位平凡的員工」和「一位普通的母親」，對自我感到迷失與懷疑。

有一天，她參加了一場成長工作坊，活動中要求參與者寫下自己過去一週做過的每一件好事。當宜芬開始列舉時，她驚訝地發現：她不僅成功協調了團隊專案進度，也在孩子學校的活動中扮演了關鍵角色。

這次經驗讓她重新了解，原來自己的付出與努力早已在無形中創造了巨大價值。自那以後，她養成每日反思與自我對話的習慣，不僅工作表現更加出色，家庭關係也更為和諧。她深刻體會到，真正的自我價值，來自於每天的自我認可與肯定。

5. 自我價值的深刻影響

　　自我價值感不僅影響我們的情緒狀態，還深刻影響著我們的選擇與行動。擁有強烈自我價值感的人，面對機會時會更主動出擊，遇到挑戰也不輕言退縮。他們相信自己的能力，勇於追求夢想。

　　相反，缺乏自我價值認知的人，容易陷入「我不配」、「我做不到」的想法中，錯失許多本可掌握的機會。時間一長，這種心理模式將逐漸削弱他們的行動力與自信心。

　　因此，建立穩固的自我價值感，是走向充實生活的重要基石。它讓我們擁有面對未知的勇氣，也讓我們在成長過程中更加堅定。

6. 避免自我價值感低落的方法

　　為了維持穩定的自我價值感，我們需要培養一些習慣。首先，避免與他人無謂的比較，因為每個人的成長節奏不同。其次，重視自身的小進步，累積微小成功帶來的正面感受。

　　此外，與正面的人相處，可以互相激勵，共同成長。還

第三章　自我價值的深度經營

有，定期確認目標進度，肯定自己的努力過程，不僅聚焦成果，也看重成長中的每一步。

這些做法能有效避免自我價值感因挫折而下滑，幫助我們在挑戰中保持內心穩定。

7. 人生的定錨

自我價值就像人生旅途中的定錨，無論環境如何動盪，它始終能為我們提供穩固的方向感。當我們充分了解自己的價值，就不會輕易被外在聲音左右，能堅定地走在屬於自己的道路上。

每天肯定自己，欣賞自身的努力與成長，讓自我價值感如陽光般溫暖內心。無論成功或挫敗，都不減我們對自我的肯定。當自我價值成為生活的核心力量，我們將能以更堅定的步伐，迎接人生的每一個挑戰。

擁抱自己的價值，讓每一天都成為自我實現的一步。這樣的人生，無論外界如何變幻，內心始終篤定而充實。

二、打造與眾不同的自我優勢

1. 特色是自我價值的延伸

每個人都是獨一無二的存在,我們的經歷、性格與才華共同構成了專屬於自己的特色。正是這些獨特的組合,塑造了我們與眾不同的優勢。特色不僅僅是與他人的差異,更是我們在人群中脫穎而出的關鍵。

當我們去發掘並強化自己的特色,不僅能清楚辨認自己的定位,也能在眾多選擇中打造屬於自己的舞臺。懂得經營自我特色的人,不會盲目跟隨潮流,而是善於利用自身優勢,開創專屬於自己的路徑。

特色是自我價值的自然延伸,它讓我們在變化莫測的環境中保持鮮明的存在感,也讓我們的努力更能發揮實效。

2. 從自我認同開始

擁有明顯個人特色的人,往往能在面對機會時,敏銳地把握時機並善用優勢創造突破。他們勇於表達自我,讓自己

第三章　自我價值的深度經營

的能力在適當時刻被看見，進而發揮影響力，成為團體中不可或缺的一員。這樣的人會在不斷累積經驗與實力的過程中，逐漸形成鮮明的風格，讓自身的發展路徑更加開闊。

相反地，缺乏個人特色的人，面對機會時容易猶豫不決，甚至因缺乏自信而選擇觀望。他們在團體中容易顯得低調且不突出，久而久之，很難在眾人當中被記住，導致發展受限。這樣的情況會使他們錯失許多原本可以爭取的機會，也讓成長的空間被無形壓縮。

明確的個人特色不僅是表面上的特點，更是內在自我認同的體現。當我們主動經營自己的特色，便能在人生道路上走得更加穩健而明亮。

3. 塑造個人特色

- 了解自身強項：清楚了解自己的專長與優勢領域，聚焦深耕。
- 發展興趣成為專業：將興趣持續深耕，培養為可被他人認可的能力。
- 保持風格一致性：在言行與作品中保持一致的風格，強化辨識度。

◆ 持續累積經驗：不斷累積實踐經驗，豐富自身的特色內涵。
◆ 善於講述自我故事：透過分享經歷讓他人了解自己的獨特之處。

4. 從平凡中培養非凡特色

明浩是一位普通的辦公室職員，日復一日的工作讓他一度懷疑自己是否有機會脫穎而出。他觀察到，雖然工作表現穩定，但在公司內並不特別突出。

某天，他開始嘗試將自身對細節的敏感應用在團隊專案中。他主動整理專案流程，讓團隊的效率大幅提升。此外，他也經常在會議中提出建設性建議，逐漸被同事與上司所認可。

隨著時間推移，他的「流程管理專家」形象越來越鮮明，公司內部專案一有需要提升效率的部分，便會第一時間想到他。最終，明浩晉升為流程管理部門的主管，成功將自身特色轉化為職場上的優勢。

明浩的故事告訴我們，特色並非天生，而是透過觀察自我、發掘潛能、持續累積而來。只要願意用心經營，每個人都能從平凡中培養出非凡的特色。

第三章　自我價值的深度經營

5. 避免特色模糊

有些人即使具備潛力，卻因特色模糊而難以被他人記住。為了避免這種情況，我們應該特別強化個人特色，讓自己的優勢更加明確。

首先，確立自己的發展方向，避免在多個領域間搖擺不定。其次，善用日常的表達機會，讓別人能從言行中感受到你的特色。此外，堅持原則與風格，能夠讓你的特色更加深刻而穩定。

當特色被清楚展現出來時，不僅能提升自身自信，也能讓他人第一時間記住你，進而拓展更多機會。

6. 個人特色的累積效應

特色的建立不是一蹴可幾，它需要時間的累積與不斷打磨。當我們持續經營自己的特色，這些優勢會在日常互動中逐漸累積，形成獨有的影響力。

每一次的嘗試與努力，無論成功或失敗，都是特色養成的過程。當這些經歷沉澱下來，就會轉化為自身的一部分，成為我們在人生道路上堅實的支撐。

二、打造與眾不同的自我優勢

這種累積效應不僅讓我們在職場或社交場合更具辨識度,也能在面對未來挑戰時,成為自我信心的重要來源。

7. 讓個人特色成為你的閃光點

當個人特色被充分發揮,我們不僅能在人群中脫穎而出,還能在不斷變化的環境中保持獨特競爭力。特色是我們內在價值的外在展現,它讓我們的努力更容易被看見,被肯定。

每天多做一些強化能力的小事,例如精進技能、深化興趣或分享經歷,這些看似微小的行動,終將匯聚成強大的力量。

選擇經營自己的特色,就是選擇用獨特的方式走出屬於自己的精彩人生。持續發掘、強化並展現你的特色,讓它成為你在人生舞臺上的代表。

第三章　自我價值的深度經營

三、跨越自我設限

1. 自我設限是成長的無形障礙

很多時候，阻礙我們前進的並不是外在環境，而是內心築起的界線。這些界線並不總是清晰可見，卻在我們嘗試跨越新領域時，悄悄地拉住了腳步。自我設限常來自過去的經歷、他人的評價或是內心的恐懼感。

當我們不自覺地認定「這件事我做不到」、「我不適合那樣的角色」，就會把自己困在有限的框架裡。久而久之，即使外在條件已經改善，內心依然不敢邁出關鍵的一步。

認清這些無形的界線，勇敢跨越過去，才能真正釋放潛力，展開全新的成長旅程。

2. 自我設限 vs. 自我突破

自我設限的人，面對挑戰時容易退縮，總是對自己的能力產生懷疑。他們習慣低估自身潛能，因此錯失了許多原本

可以爭取的機會。即使擁有資源與能力，也常因內心的猶豫而停滯不前。

相對地，懂得自我突破的人，會認知到限制往往是心理作用。他們願意接受不確定性，嘗試超越既有範疇，即使失敗，也視為學習的機會。這樣的態度使他們在挑戰中成長，在突破中獲得更多可能。

懂得辨識內心界線並勇敢跨越，是走向更廣闊世界的重要一步。

3. 打破自我設限

- 面對恐懼，採取小步行動：從小範圍挑戰開始，逐步擴展自信。
- 改變「我不能」的思考方式：「我能夠學習並進步」的想法能打破心理界線。
- 吸取他人成功經驗：了解他人如何克服限制，為自己提供參考。
- 替自己設定成長挑戰：主動設定需要跨出舒適圈的目標。
- 堅持行動直到習慣成自然：重複實踐能逐漸消除對挑戰的恐懼。

第三章　自我價值的深度經營

4. 勇敢跨越心理界線

雅萱是一位剛轉行的數據分析師。初入行時,她總認為自己缺乏數據背景,面對複雜的分析任務總是感到畏縮。她曾多次對自己說:「我本來就不擅長這方面,應該做不來。」

然而,在一次內部培訓中,講師提到:「所有專業人士都從零開始,只是他們願意多走幾步路。」這句話讓雅萱決定不再被內心界線限制。她開始設定每日學習目標,每週挑戰一個新的分析工具。

一段時間後,她不僅掌握了各項技能,還被推舉負責團隊數據專案。雅萱深刻體會到,當自己勇敢跨出心理界線的那一刻,成長之路就已經悄然展開。

5. 勇於挑戰不可能

自我設限不僅限制了行動,也影響了我們對選擇的態度。當內心充滿「不可能」的念頭時,我們往往會自動排除挑戰性的選擇,即使這些選擇可能帶來巨大的成長機會。

例如,有人面對晉升機會時,因懷疑自己是否勝任而放棄申請;有人面對公開演講機會,因害怕表現不佳而選擇退

出。這些選擇看似避免了短期的不安,卻也錯過了長期的提升機會。

當我們學會打破自我設限,便能勇於擁抱更多挑戰,為自己開闢新的可能性。

6. 成為自我界線的突破者

要成為真正的突破者,我們需要的不僅是勇氣,還有持續行動的決心。突破自我設限的過程中,我們會經歷不安與懷疑,但正是在這些時刻,成長的種子正在悄悄發芽。

每一次成功跨越界線的經驗,都是對自信的累積。這種正面循環會讓我們在未來面對新的挑戰時,更加從容不迫。久而久之,突破自我將成為我們的習慣,成為推動成長的不竭動力。

勇敢成為自己界線的突破者,能讓我們不斷發現自身潛力,走向更加美好的人生。

第三章　自我價值的深度經營

7. 翻開成長新篇章

　　當我們成功跨越自我設限，不僅能拓展視野，也能激發更多潛在能力。突破內在界線的過程，是自我蛻變的重要階段。它讓我們不再受限於過往經驗與恐懼，而是能以嶄新的姿態面對未來。

　　每一個成功的突破，都是邁向成長新篇章的起點。當我們勇敢迎接挑戰，勇於邁出舒適圈，就會發現，曾經認為遙不可及的目標，其實只是被自我設限掩蓋的可能性。

　　跨越內在界線，不僅能改變我們對自己的認知，也能創造屬於我們的廣闊天地。讓自我突破成為習慣，人生的可能性將遠超我們的想像。

四、培養布局未來的長遠視野

1. 事先鋪路的重要性

　　成長如果只著眼於當下，很容易受短期成果左右而失去方向。唯有放眼長遠，我們才能在變化莫測的環境中保持穩定的步伐。布局未來，是每個人自我成長過程中的關鍵一步，它幫助我們把零散的努力串連成清晰的道路。

　　有長遠視野的人，不僅專注於眼前的任務，也善於為未來做準備。他們懂得利用現在的每一次學習和挑戰，為下一階段的成長打下堅實基礎。

　　當我們學會以長遠的角度思考，就能避免被短期挫折所困，反而在變局中發現新的機會，讓成長成為一場持續而穩定的旅程。

　　長遠視野能讓我們看見當下努力與未來成就之間的深刻連結，避免因短期得失迷失方向。

第三章　自我價值的深度經營

2. 建立長遠視野

- 確立明確的長期方向：明確知道自己希望達成的目標，讓努力有依據。
- 分階段制定成長計畫：把長遠目標拆解成多個階段，逐步邁進。
- 保持學習的持續性：不斷學習新技能，為未來拓展更多可能。
- 培養彈性思考：面對變化時靈活調整，保持前進的動能。
- 定期回顧成長步伐：評估過去的努力是否與長遠方向一致。

3. 從眼前到遠方的堅定步伐

　　書華是一位年輕的室內設計師，初入行時，她專注於提升繪圖技巧與快速完成設計案。雖然短期內獲得不少業主好評，但她很快意識到，僅靠技術並不足以支持長遠發展。

　　她開始思考如何讓自己成為兼具創意與市場敏感度的設計師。書華安排時間參與不同風格的建築展覽，了解最新的

設計趨勢,同時主動向資深設計師請教專案管理的經驗。

經過幾年的持續努力,她逐步發展出一套屬於自己的設計理念,並累積了眾多代表作品。現在的她,已不只是技術熟練的設計者,更成為能引領團隊、整合資源的專業人才。

書華的故事提醒我們,當我們願意將目光放遠,並持續累積實力,終將迎來屬於自己的突破時刻。

4. 長遠規劃如何強化內在動力

當我們擁有明確的長期方向時,內在動力會變得更加堅定。即使過程中遇到挫折或短暫停滯,我們也不會輕易動搖。長遠規劃給予我們持續前進的理由,使每日的努力都有明確的意義。

清晰的遠景能讓我們在遭遇挑戰時,自問:「這是否有助於我的長期目標?」這樣的自我提醒,不僅能穩定心態,也能強化行動力。

長遠規劃並不是一成不變的路線圖,而是一種持續更新的方向指引,讓我們在成長路上始終保持前進的動力。

第三章　自我價值的深度經營

5. 避免短視近利的陷阱

在成長的路上,容易被短期成果誘惑而偏離長遠目標。為了避免這樣的陷阱,我們需要保持耐心,接受成長是循序漸進的過程。

第一,要時常提醒自己,不以短期成敗評價自身價值。第二,專注於能力的打磨而非眼前利益,讓每一次學習都成為養分。第三,尋找志同道合的夥伴,共同堅持長遠方向。

避免短視近利,能讓我們在成長的路上走得更遠,看得更廣,最終實現深厚且穩固的成果。

6. 用長遠視野擘畫未來藍圖

擁有長遠視野的人,能夠看見當下努力如何串連成未來的豐收。這樣的視野不僅帶來內在穩定感,也為未來種下無限可能。

將未來藍圖描繪得越清晰,我們越能堅定地邁步向前。每天的一點點努力,都是為未來鋪路的基石。當我們持續沿著長遠方向前進,生活中的每一個選擇都會更加有意義。

選擇以長遠的眼光看待自我成長,就等於選擇了一條更

四、培養布局未來的長遠視野

加寬廣而深刻的人生道路。讓未來藍圖成為我們持續努力的方向，帶領我們邁向更美好的未來。

第三章　自我價值的深度經營

五、面對評價，保持穩定的內心力量

1. 評價無所不在，內心穩定是關鍵

　　無論在生活還是職場，來自他人的評價無時無刻不在影響著我們。有時是鼓勵，有時是質疑，更多時候則是無聲的觀察與期待。如果我們過於依賴外界評價來定義自己，很容易在好壞評論中搖擺不定，失去內心的穩定感。

　　真正穩固的自我價值，應該來自內心的認可，而不是被外界聲音左右。當我們學會平衡外部回饋與內在價值感時，就能更從容地面對各種評論，無論是讚賞還是批評，都能保持內心的清明與力量。

　　懂得接納評價，但不被其支配，才能讓我們在人生道路上走得更穩更遠。

2. 外界評價對自我價值的影響

面對評價的方式	對自我價值的影響	長期心理狀態	發展結果
過度依賴評價	價值感受外界影響起伏不定	情緒不穩，易受批評動搖	難以持續成長，容易喪失自信
穩定內心	價值感建立於自我認同	心態平穩，面對批評更有彈性	穩健成長，內在力量持續增強

　　穩定面對評價的人，不會被短期的讚美或質疑牽動情緒，而是專注於自身的長期成長。

3. 專注培養穩定心態

- 保持自我認同感：了解自身價值，不隨外界評論起伏。
- 理性看待批評：從建設性角度分析意見，汲取有益部分。
- 不過度追求認可：做正確的事，而非取悅所有人。
- 維持情緒平衡：面對評論時，先冷靜再回應。
- 專注自我目標：將注意力放在自身成長路上，減少外界干擾。

4. 學會穩定內心，超越外界評價

　　偉恩是一位專案經理，在一次大型提案中，因策略創新而獲得高層好評，但不久之後又因執行細節出差錯，遭到部分同事質疑。面對反覆無常的評價，他一度感到焦慮與不安。

　　經過反思，偉恩決定調整心態。他重新聚焦於專案核心價值，虛心聽取建設性建議，同時對過於情緒化的批評保持距離。他每天自我提醒：「做對的事，比取悅所有人更重要。」

　　這份穩定內心的力量，讓他在面對各方意見時更加從容。最終，他帶領團隊圓滿完成專案，並贏得同事的尊重與支持。偉恩的經歷說明，穩定內心面對評價，是職場與人生成功的重要基石。

5. 接受評價中的合理部分，學會篩選

　　面對評價時，關鍵在於分辨哪些是真正有助於成長的反饋。首先要培養判斷能力，避免將無關緊要的評論視為壓力來源。其次，要勇於接受合理建議，即使是批評的聲音，也

要從中提煉出有價值的部分。

　　同時，適度保護自己的心理空間，避免被惡意評論侵蝕信心。透過篩選評論內容，我們可以在保持內在穩定的同時，持續提升自我表現。

　　學會選擇性接收外界聲音，是維護自我價值感的有效方法。

6. 累積正向自我肯定，強化內在力量

　　除了處理外界評價，我們也需要積極建立自我肯定的習慣。透過每天的小成功，強化自我價值感，不讓自我認知僅仰賴他人評斷。

　　每完成一項挑戰，給自己一句正向的肯定。每天自我反思，記錄成長與努力的痕跡。這些看似微小的習慣，能逐步鞏固內心的力量，讓我們不再輕易被他人評價左右。

　　當內在力量不斷強化，面對任何評論時，我們都能保持自信而不動搖。

7. 面對評價時的內心平衡之道

外界的聲音無法完全控制,但我們能掌握自己的回應方式。保持內心平衡,理性看待他人評價,是自我成長的重要能力。

選擇專注於自我目標,學會篩選建設性建議,適度距離負面情緒,我們便能在多變的聲音中保持方向。當內心穩定了,自我價值自然堅固,無論面對稱讚或質疑,都能泰然自若。

學會與外界評價和平共處,是通往成熟與自信的必經之路。當我們穩固內心,就能在人生每一步走得更穩、更遠。

六、活出最完整的自己

1. 自我實現是最高境界

自我實現不僅是目標的達成,更是全方位展現自我價值的過程。當我們能將自身潛力充分發揮,並將個人理念融入日常行動中,便真正邁向完整而美好的人生。

自我實現的人,不只追求成就,更重視內在滿足與成長。他們活出真實的自己,在理想與現實之間找到平衡,並在生活中不斷印證自我價值。

活出最完整的自己,是每個人內心深處的渴望,也是自我成長旅程的終極目標。

2. 自我實現者與迷失者的差異

自我實現者擁有明確的目標,知道自己想成為什麼樣的人。他們積極追求自我價值,並且願意付諸行動去實現理想。在面對選擇時,他們會主動探索各種可能性,並不斷精

進能力，讓生活充滿前進的動力。他們的生活不僅有目標，還有高度的滿足感，因為他們深知自己的努力是為了心中的理想。

相反地，迷失的人則缺乏明確的自我方向，常常盲目追隨他人的步伐而忽略自身真正的需求。他們的行動多半是被動的，習慣等待機會而非主動創造機會。在這樣的狀態下，他們容易陷入焦慮，因為內心缺乏成就感與歸屬感。

兩者最大的差異，在於是否能夠明白自己的價值，並且勇於實踐理想。自我實現者活得充實而自信，而迷失的人則容易在茫然中錯過屬於自己的精彩人生。

3. 逐步邁向自我實現

- ◆ 確立個人理想：清楚定義自己真正渴望達成的目標。
- ◆ 制定可行計畫：將理想分解成可執行的具體步驟。
- ◆ 保持內在動力：透過自我激勵維持持續行動力。
- ◆ 接受過程中的挑戰：視困難為成長契機，勇敢面對。
- ◆ 成就感與反思並重：肯定每一步成果，同時尋找進步空間。

4. 實現理想的旅程

文謙曾是一位對未來感到迷茫的市場專員。起初，他僅僅為了完成工作任務而努力，內心總覺得缺乏方向感。一次偶然機會，他接觸到社群行銷，意外發現自己對品牌故事的塑造產生濃厚興趣。

他開始投入學習相關知識，並主動參與公司的專案實踐。漸漸地，他將原本的職責與個人興趣結合，不僅提升了工作成果，也讓每日的工作充滿熱情。

幾年後，文謙不僅成為公司主要的行銷策略規劃者，還在業界建立了專業形象。他深刻體會到，當工作與個人理想相連結，生活便不再只是完成任務，而是實現自我的旅程。

5. 面對困難時，堅守自我目標

通往自我實現的路上，挑戰與困難在所難免。堅守自我目標，能讓我們在風雨中保持前行的方向。

首先，記住初心，時刻提醒自己追求這條道路的初衷。其次，善用成長過程中的經驗，將每一次挫折轉化為學習機

第三章　自我價值的深度經營

會。最後，與同樣堅持自我理想的人同行，互相支持，共同面對挑戰。

堅守目標，使我們即使身處低谷，也能保持前進的動力。

6. 自我實現的持續力量

自我實現不是短期衝刺，而是持續累積的過程。當我們將每日的行動與內心目標對齊，便能在日常中累積強大的力量。

每一次跨出舒適圈，每一次挑戰自我，都是邁向自我實現的一步。這種持續累積的能量，最終會轉化為內在的自信與外在的成就。

當自我實現成為生活的一部分，我們將不再追逐他人的肯定，而是從內心湧現滿足與驕傲。

7. 往內尋求，活出真實

自我實現的終極意義，在於活出真正的自己。當我們清楚地了解自己的價值，勇敢追求內心理想，並不斷突破限制

六、活出最完整的自己

時,便能擁有屬於自己的美好人生。

無論外在環境如何變動,內心的信念與行動力將引領我們不斷前進。選擇做真實的自己,讓每一天都成為自我實現的一環。

讓我們懷抱理想,腳踏實地,勇敢邁向屬於自己的精彩未來。

第三章　自我價值的深度經營

第四章
情緒與壓力的輕鬆平衡術

第四章　情緒與壓力的輕鬆平衡術

一、洞悉情緒起伏的背後因素

1. 了解情緒自覺的價值

情緒自覺是理解自己內在狀態的重要開端。當我們能夠敏銳地察覺自己的情緒變化，就能在情緒開始波動時即時調整，避免情緒失控導致的負面影響。許多人習慣被情緒牽引行動，而非主動管理情緒，長期下來容易陷入焦慮、煩躁與壓力之中。

真正的情緒自覺，不只是體察到情緒的存在，更是能夠分辨不同情緒帶來的影響，理解它們如何左右我們的思考與行動。當我們做到這一點，便能主動選擇面對情緒的方式，而非被動反應。

擁有情緒自覺，意味著我們開始掌握內心的節奏，為情緒管理與心理平衡打下堅實的基礎。

2. 忽略情緒覺察的後果

情緒覺察與忽略情緒之間的差異，會深刻影響我們的行為選擇與人際互動。具備情緒覺察的人，能在情緒起伏時，冷靜面對內心波動。他們懂得給予自己空間，從而做出更理性的反應。

相對地，忽略情緒的人，往往等到情緒強烈爆發時才發覺，這時情緒早已干擾判斷，使人衝動行事或壓抑情緒累積成負擔。這樣的人容易被情緒困擾，甚至影響身心健康。

懂得自我察覺情緒的人，不僅能減少不必要的誤解與衝突，也能讓自己在面對挑戰時保持清晰的思考與冷靜的態度。

3. 養成情緒自覺

- ◆ 留意身體反應：身體的不適往往是情緒變化的訊號。
- ◆ 記錄每日心情：透過書寫幫助了解自己情緒的起伏規律。
- ◆ 確認情緒來源：清楚知道情緒是因人、事還是環境引起。

第四章　情緒與壓力的輕鬆平衡術

- 學習命名情緒：準確描述情緒有助於理解自身感受。
- 留給自己情緒空間：允許自己有情緒波動的時間，不強迫壓抑。

4. 從無感知到敏銳自覺

家榮曾經是一位典型的情緒忽視者。忙碌的工作與生活讓他忽略了內心的壓力累積。即便情緒已經逐漸影響到他的專注力與人際互動，他卻總是對自己說：「我只是累了，沒什麼大不了。」

直到有一天，因為一件小事他突然在會議中情緒失控，事後他才驚覺情緒早已悄悄擴散。於是，他開始學習觀察自己的情緒變化，每天用簡單的記錄方式整理心情。當感受到緊張或焦躁時，他會先暫停片刻，深呼吸幾次，讓自己冷靜下來。

透過這些小習慣，家榮逐漸能夠在情緒出現之初就意識到，並作出適當的調整。他的情緒自覺能力提升後，不僅工作效率改善了，人際關係也變得更加融洽。

5. 情緒自覺對人際互動的影響

情緒不僅影響我們個人的心情,也會直接影響與他人的互動。當我們能夠覺察到自己情緒的變化,就能避免因情緒失控而影響他人感受,進而維持良好的人際關係。

一個懂得管理自身情緒的人,能在對話中察覺到內心的煩躁或不耐,及時調整語氣與態度,使溝通更加順暢。而情緒忽視者,則可能在無意間傳遞負面情緒,造成誤解與摩擦。

透過情緒自覺,我們能夠主動創造正面互動的氛圍,讓人際關係更加和諧。

6. 保持平和的心境

情緒自覺的提升不會立刻帶來劇變,但隨著時間累積,會顯著改善我們的生活品質。每天多一點對情緒的留意,能幫助我們在壓力來臨時更從容應對,避免情緒堆積成為心理負擔。

此外,情緒自覺也會強化我們對自我的認知,讓我們更加了解自己的情緒觸發點與應對方式。這樣的過程,能讓我

第四章　情緒與壓力的輕鬆平衡術

們更有效率地處理情緒帶來的挑戰，並逐步形成穩定而強大的內心狀態。

隨著情緒自覺能力的不斷提升，我們將能擁有更加平衡的心境，面對生活中的各種變化。

7. 讓情緒自覺成為日常習慣

要讓情緒自覺真正融入生活，需要我們不斷練習，並將它內化為日常習慣。每天留出幾分鐘，靜下心來感受一下當天的情緒變化。遇到情緒起伏時，先觀察、再回應，而不是急著壓抑或爆發。

這樣的習慣會逐漸強化我們對情緒的敏銳度，使我們在各種情境中都能保持冷靜。當情緒自覺成為日常的一部分，我們不僅能更好地照顧自己的心理健康，也能在人際互動中展現出更多理解與溫暖。

二、從波動走向平穩

1. 理解情緒調適的重要性

情緒的波動是人之常情,我們無法完全避免情緒起伏,但可以選擇如何面對。良好的情緒調適能力,能讓我們在情緒波動時不被情緒左右,維持內心的穩定,做出更理性與成熟的決策。

當情緒得以適當調適,我們不僅能有效減少衝動反應,也能降低壓力的累積,保持清晰的邏輯。這種穩定感能使我們在人際互動中更顯成熟,在挑戰面前更加從容。

情緒調適的關鍵,在於理解情緒運作的模式,並且學會在情緒來臨時,採取積極有效的回應方式。

2. 調適情緒,穩定內心

面對情緒波動時,不同的態度將帶來截然不同的結果。懂得穩定情緒的人,通常能正確察覺情緒的自然波動,理解

第四章　情緒與壓力的輕鬆平衡術

這是人類情感的一部分。他們會主動採取調節措施，例如深呼吸、正向自我對話或暫時轉移注意力，來平穩內心。

這樣的態度不僅讓自身心情保持穩定，也能在與人互動時，營造出正面的交流氛圍。長期而言，他們能培養出強大的心理韌性，面對變化與挑戰也能保持良好的適應能力。

相反地，任由情緒波動的人，往往將情緒視為壓力來源，缺乏正面認知。他們不是壓抑情緒，就是衝動反應，導致人際互動中常常傳遞負面情緒，容易造成誤解與衝突。長期下來，這樣的人容易陷入焦慮與壓力的循環，對心理健康造成負面影響。

認知層次的不同，決定了我們面對情緒時的態度與行為。學會穩定情緒，不僅是自我保護的方式，更是對周圍人的溫柔回應。

3. 訓練情緒調適能力

- 深呼吸調節情緒：透過深呼吸緩解焦慮與緊張，幫助冷靜下來。
- 找出情緒導火線：了解情緒波動的根源，有助於針對性調整。

二、從波動走向平穩

- 轉移注意力：暫時將注意力放在輕鬆的事物上，緩解情緒壓力。
- 採用正向自我對話：用正面語言引導自我情緒，建立良好心態。
- 運動釋放壓力：透過身體活動釋放情緒能量，維持心理平衡。

4. 從容面對挑戰

詠琳是一位忙碌的活動企劃，工作節奏緊湊，每逢重大專案時常感到焦慮。過去的她，面對突如其來的變數時，經常情緒失控，不僅影響團隊士氣，也讓自己壓力倍增。

某次專案中，合作廠商臨時取消合作，讓整個進度大受影響。這一次，她決定嘗試運用情緒調適技巧。她先暫停幾分鐘，進行深呼吸，然後冷靜分析目前的困境與替代方案。接著，她鼓勵自己：「冷靜下來，事情總有解決的方法。」

最終，她成功協調新的合作夥伴，專案如期完成。透過這次經驗，詠琳更加體會到情緒調適的力量，並開始在日常工作中持續練習這項能力。

第四章　情緒與壓力的輕鬆平衡術

5. 增強人際互動的效果

情緒穩定的人，能在交流中給予他人安定感，進而促進良好的互動氛圍。相對地，情緒容易波動的人，往往會在溝通過程中無意間傳遞焦慮與壓力，導致誤解或衝突。

當我們能夠有效調適情緒，在面對不同觀點時保持冷靜，就能減少不必要的摩擦。同時，我們也能以平和的態度，影響對方，讓對話更具建設性。

這樣的正面循環，不僅讓我們在人際關係中更加從容，也有助於建立互相信任與理解的良好氛圍。

6. 情緒調適是重要生活支柱

情緒調適是一種長期累積的能力。當我們每天練習穩定情緒，即便是面對日常小挑戰，也能逐漸培養內心的平衡感。

這種累積效果，能讓我們在未來面對更大的挑戰時，依然保持冷靜和理性。同時，良好的情緒調適習慣，也有助於提升心理韌性，使我們在變動的環境中更具適應力。

日復一日的情緒調適練習，最終會轉化為一種自然反應，成為我們面對生活起伏的重要支撐。

7. 溫柔堅定的內在力量

　　情緒調適不是應急技巧，而是應該融入日常生活的自我照顧方式。查覺到自己的情緒狀態，適時調整，能有效減少情緒積壓造成的壓力。

　　我們可以在工作間隙做幾次深呼吸，或在感到煩躁時選擇短暫休息。這些簡單的調適方式，能夠幫助我們保持內在的穩定，面對生活中的各種挑戰時更加從容。

　　當情緒調適成為自然的生活習慣，我們將擁有更強的內在力量，迎接生活的每一次波動與挑戰，走向更加穩定而自在的成長之路。

第四章　情緒與壓力的輕鬆平衡術

三、讓壓力轉化為成長力量

1. 壓力的雙重面貌

壓力存在於每個人的生活中，它既可以是沉重的負擔，也能成為前進的動力。適當的壓力能激發潛能，促使我們突破舒適圈，提升自我表現。然而，當壓力超過可承受範圍，卻容易造成焦慮與疲憊，甚至影響身心健康。

了解壓力的來源與表現形式，有助於我們判斷當前所承受的壓力屬於良性還是惡性。掌握這一點，我們便能適時調整步伐，讓壓力成為推動成長的正向力量。

壓力管理的第一步，便是從認知開始，了解它的雙重性質，才能善用它來成就更強大的自己。

2. 壓力造成的影響

壓力類型	來源特徵	對個人的影響	長期效果
良性壓力	挑戰性任務、明確目標、正面期待	促進積極行動，提高專注力	強化抗壓能力，提升成就感
惡性壓力	超負荷工作、負面情緒、人際衝突	引發焦慮、疲勞，削弱應對力	成為身心負擔，降低生活品質

當我們能辨別壓力的性質，就能採取正確的應對策略，避免壓力失控成為生活負擔。

3. 有效管理壓力

- 明確設定優先順序：清楚劃分任務輕重緩急，降低壓力感。
- 建立合理期望：調整對自己的要求，避免過度追求完美。
- 保持適度休息：適時休息能有效緩解壓力累積。
- 練習正向自我引導：鼓勵自己面對挑戰。
- 尋求支持與協助：在需要時主動尋求幫助，減少獨自承擔壓力。

第四章　情緒與壓力的輕鬆平衡術

4. 應對壓力，提升自我表現

家勳是一位資深行銷經理，經常要在緊迫的時限內完成重大專案。過去，他習慣自己扛下所有責任，長時間處於高壓狀態，導致身心俱疲。

意識到這樣下去難以持續，他開始調整應對方式。他學會將大型任務拆解成數個小步驟，並合理安排時間表。面對壓力感升高時，他不再壓抑，而是選擇暫時放下手邊工作，進行深呼吸與短暫散步。

此外，他也學會適時向同事尋求支援，減少壓力集中於一人身上。這些調整使他不僅能有效完成專案，還能保持良好的心理狀態。家勳深刻體會到，壓力管理得當，能讓工作表現與生活品質同步提升。

5. 壓力管理對決策品質的影響

良好的壓力管理能力，能讓我們在面對複雜決策時保持冷靜。當壓力過高時，容易讓人急躁下判斷，忽略細節或冒險採取極端做法。

透過有效調整，我們可以減輕壓力對大腦造成的負擔，

使思路更加清晰,選擇更為周全。這樣的穩定性,不僅有助於提升決策品質,也能在執行過程中減少錯誤發生的機率。

能夠良好管理壓力的人,往往也是做決策時最能掌控局勢的人。

6. 強化壓力應對能力

壓力管理並非一次性的技巧,而是需要長期累積的能力。當我們養成主動面對壓力的習慣,便能逐步強化心理承受力,提升應變能力。

這種累積效益不僅體現在個人成長上,也能延伸至人際互動與專業發展中。面對壓力越來越從容,能讓我們贏得更多信任與機會。

每一次妥善管理壓力的經驗,都是心理韌性的一次強化。當這樣的經驗累積得越多,面對未來更大挑戰時,我們將更有勇氣。

第四章　情緒與壓力的輕鬆平衡術

7. 邁開步伐，迎接挑戰中的成長

　　壓力無法完全消除，但我們可以選擇如何與它共處。將壓力視為促進成長的伙伴，而非敵人，能幫助我們在生活與工作中保持積極進取的態度。

　　每天多一些自我調整的習慣，面對挑戰時多一份冷靜，累積下來的將是穩健的成長步伐。當壓力管理成為日常習慣，我們便能在壓力之中發掘前進的力量。

　　選擇與壓力和平共處，不僅能守護身心健康，更能不斷拓展我們的潛能與高度。

四、打造內外協調的節奏

1. 身心協調的重要性

現代生活步調快速，工作壓力與生活需求交織，使許多人容易忽略身心之間的平衡。身體的疲勞往往悄然累積，心理的緊張也可能不知不覺擴散，最終影響整體狀態。

當我們懂得打造身心協調的節奏，不僅能提升工作效率，也能享受生活的美好。內在心情平和，外在行動有序，才能使我們在繁忙之中仍保持從容。

身心平衡不只是健康的保障，更是維持持續成長的基礎。穩定的節奏感，能讓我們面對挑戰時更有餘裕，享受過程中的每一步。

2. 隨時查看自身狀態

當生活失去平衡時，身體容易感到疲憊，缺乏活力。心理上則常伴隨焦慮與緊張，情緒波動起伏不定，久而久之，

第四章　情緒與壓力的輕鬆平衡術

整體生活滿意度下降，工作效率也隨之降低。

相反地，維持身心平衡的人，通常能夠保持精力充沛，行動有序。心理狀態則相對穩定，思緒清晰，遇事冷靜。這種狀態下，無論是生活的愉悅感還是工作效率，都能顯著提升。

清楚了解這兩種狀態的差別，有助於我們更加重視日常的身心調整。當我們自覺進入失衡狀態時，便能及時採取行動，重新找回生活的節奏感，保持穩定與健康的狀態。

維持平衡的生活方式，能讓我們保持清醒的頭腦與穩定的心態，從容面對各種挑戰。

3. 建立身心平衡的祕方

- ◆ 調整作息時間：保持規律作息，確保身體充分休息。
- ◆ 保持適度運動：透過運動釋放壓力，促進身心健康。
- ◆ 合理安排工作與休息：避免長時間過度工作，適時休息保持活力。
- ◆ 培養心靈放鬆的習慣：每天留出時間閱讀、散步或進行靜思，穩定心情。
- ◆ 保持營養均衡：均衡飲食有助於維持身體機能與情緒穩定。

4. 找回身心平衡

芷寧是一位創業者，創業初期為了打拚事業，經常熬夜加班，飲食不規律，身體逐漸出現疲憊感。心理上，她也開始感到焦慮與煩躁，對工作充滿壓力。

意識到這樣下去會影響長期發展，她決定調整生活方式。她設立固定的作息時間，堅持每天早上散步三十分鐘，並安排週末進行簡單的戶外活動。同時，她也在工作間隙做簡短的放鬆練習，幫助自己重整心態。

幾個月後，她發現自己的精神狀態明顯改善，工作效率也隨之提升。芷寧體悟到，良好的身心平衡不僅讓她保持高效，更讓她重新找回對生活的熱情與投入感。

5. 提升生活品質

當身心保持良好平衡時，我們能夠更有精神地投入工作，也能在生活中保持愉悅的心情。相反，當我們長期忽視身體與心理的需求，不僅效率會下降，情緒也容易變得不穩定。

適當的休息與放鬆，有助於恢復體力與專注力。良好的

心情則能激發創意，讓我們在工作中表現得更出色。生活中的小確幸與工作中的成就感，往往來自於這種內外協調的狀態。

保持身心平衡，是提升生活品質的有效方式，讓我們在人生旅程中走得更加穩健。

6. 打造穩定生活步調

建立穩定的身心節奏，不僅能改善當下的狀態，還能帶來長遠的效果。當我們日復一日維持良好的生活習慣，身體的耐力與心理的韌性都會逐步增強。

這種累積效果能讓我們面對更大的挑戰時依然保持穩定，不容易被突發狀況打亂節奏。無論是職場壓力還是生活中的變化，我們都能用健康的心態與充沛的體力從容應對。

身心平衡的長期維護，將成為我們持續成長的重要基礎。

7. 維持身心協調的長久之道

身心平衡並非偶然,而是來自日常的自我照顧與習慣養成。每天留意自己的身體狀態與心理感受,適時調整節奏,讓自己保持在最佳狀態。

養成良好的飲食習慣、規律的作息安排,以及持續的心理調適,這些看似平凡的小事,正是維持身心協調的關鍵。當這些習慣逐漸融入生活,我們將擁有更穩定的內在力量,迎接每一天的挑戰與機會。

選擇走向身心平衡的道路,就是選擇一種更加自在而從容的生活方式,讓我們能夠持續前行,邁向更加豐盈的成長旅程。

五、養成面對困難的韌性

1. 心理韌性的力量

面對逆境時,心理的強度決定了我們能否堅持下去。心理韌性不僅是短暫的情緒堅強,而是一種深層的內在力量,使我們在困難重重時仍能保持信念與勇氣。

當遭遇挑戰與不順時,具備心理韌性的人不會輕易被打倒。他們懂得接受現實中的困難,並勇於尋找突破的方法。正是這種面對困難不退縮的態度,讓他們能夠持續前進,即使環境嚴苛,也能從挫折中學習並成長。

心理韌性是一種可以培養的能力,它讓我們在逆境中愈挫愈勇,開創屬於自己的突破之路。

2. 壯大原先的脆弱心態

有心理韌性的人,面對失敗時懂得從中學會教訓,並保持行動力。他們相信困難是暫時的,只要持續努力,就有機

五、養成面對困難的韌性

會扭轉局勢。

相反地，缺乏心理韌性的人，容易因一時挫折而氣餒，甚至放棄努力。他們往往將失敗視為能力不足的證明，忽略了成長與改善的可能性。

培養心理韌性，可以幫助我們面對挑戰時保持清醒，並在困難中鍛鍊出更強大的自我。

3. 建立心理強度

- ◆ 接納現實挑戰：面對困難時坦然接受，避免逃避問題。
- ◆ 強化自我肯定：即使在低潮時，也要認可自己的努力。
- ◆ 學習從失敗中成長：將每次挫折視為寶貴的經驗累積。
- ◆ 積極尋求支持力量：適時向他人尋求幫助，減輕心理壓力。
- ◆ 保持希望與願景：在困境中維持對未來的期待，激勵自己持續前進。

4. 在困境中成就自我

柏誠是一位創業者，面對激烈市場競爭與資金短缺時，他經歷了多次挫敗。他一度感到前路茫然，甚至動念放棄。

但他選擇換個角度看待挑戰。他開始主動學習經營管理知識，積極參與業界交流，尋找新的合作機會。每當遭遇困難，他不再沮喪，而是認真思考如何從中汲取教訓。

隨著心態的轉變，他的公司逐漸站穩腳步，業務也迎來轉機。柏誠的經歷證明了，面對逆境時，心理強度是扭轉局勢的關鍵力量。

5. 逆境中培養成長心態

在困境中保持成長心態，有助於我們將逆境視為鍛鍊的機會。當我們相信每個挑戰都能帶來學習與成長，就能減少對失敗的恐懼，勇敢面對不確定的環境。

這種正面心態不僅能幫助我們超越當前困境，也能強化面對未來挑戰的能力。習慣在困難中尋找學習機會，我們就能持續提升自我，走得更穩健、更長遠。

五、養成面對困難的韌性

6. 擁有堅韌的性格，打造內在防護力

　　心理韌性來自於日常的小習慣累積。例如，定期檢討挑戰中的得失，或是在遇到困難時提醒自己冷靜思考，都能逐步增強我們的心理耐力。

　　這些日常累積，能夠形成強大的內在防護力，讓我們在遭遇突如其來的困難時，不會輕易被擊倒。久而久之，我們將培養出面對任何挑戰都能從容應對的強大心理力量。

7. 讓心理韌性驅動前行

　　當心理韌性成為我們內在的一部分，我們將不再畏懼挑戰。逆境不再是絆腳石，而是幫助我們成長的墊腳石。

　　每天練習面對困難時保持冷靜與積極，能讓心理韌性自然融入生活。這份力量將伴隨我們走過每一個低谷，邁向更加穩健的未來。

　　讓我們用心理韌性迎接挑戰，走出屬於自己堅強而充實的成長之路。

六、讓快樂成為日常的底色

1. 快樂是選擇

在日常生活中,我們常常忙於追求目標而忽略了快樂感的培養。其實,快樂不應該是成功後才享有的結果,而應成為日常生活的一部分。

養成快樂的習慣,能夠有效提升生活品質。當我們懂得從日常的小事中發現樂趣,無論外在環境如何變化,內心都能保持輕鬆愉悅的狀態。

快樂是一種選擇,也是可以透過習慣養成的能力。當快樂成為生活的底色,我們自然會擁有更正面的態度,迎接每天的挑戰。

2. 建立日常的輕鬆節奏

懂得享受快樂生活的人,能在平凡的日子裡找到滿足感。他們會留意生活中的美好時刻,例如陽光灑落的早晨、

六、讓快樂成為日常的底色

一杯暖心的咖啡，或是與朋友的簡單對話。

而忽略快樂的人，則容易將重心放在壓力與目標上，忽視了過程中的美好。即使達成目標，他們也難以真正感受到喜悅。

懂得擁抱日常快樂，能夠讓我們保持內心的輕盈感，使生活變得更加有滋有味。

3. 從小事拾獲快樂

- 享受當下時刻：專注感受當下，珍惜眼前的美好。
- 每日尋找小確幸：每天發掘一件讓自己開心的小事。
- 保持感恩心態：經常感謝生活中的美好與成長機會。
- 培養正面思考習慣：用不同角度看待挑戰與變化。
- 建立快樂的生活節奏：安排工作與休息的平衡，讓生活保持輕鬆。

第四章　情緒與壓力的輕鬆平衡術

4. 改變生活風貌

　　嘉怡是一位公司會計，工作繁重而緊湊，過去她總是被日常壓力壓得喘不過氣。直到某一天，她決定開始每天記錄一件讓自己開心的小事。

　　有時是一杯溫暖的茶，有時是一段輕鬆的散步。慢慢地，她發現生活中原來有這麼多值得微笑的時刻。這個習慣不僅讓她心情更好，工作效率也有所提升。

　　嘉怡的轉變證明了，只要願意每天留意快樂，就能讓輕鬆感自然融入生活，為每天增添亮色。

5. 增強心理彈性

　　快樂習慣能夠增強我們面對壓力與挑戰時的心理彈性。當我們內心保持輕鬆愉悅，就更能以正面心態看待困難，減少負面情緒對行動的干擾。

　　每天的小快樂會逐步累積成內在的正能量，使我們面對變化時更加從容。這樣的心理狀態有助於提升生活品質，也能讓我們在人際互動中展現更多溫暖與理解。

6. 讓快樂成為生活的自然狀態

　　快樂習慣不僅帶來短期的好心情，長期下來更能塑造正向的生活態度。當我們習慣用欣賞的眼光看待生活，自然能減少抱怨與焦慮。

　　這種心態能幫助我們在人生不同階段都保持前進的動力，也能在遭遇困難時迅速恢復正面能量。快樂習慣是內在力量的重要來源，值得我們用心培養。

7. 欣賞日常美好

　　讓快樂成為習慣，就是讓輕鬆與愉悅自然融入我們的日常。每天用心體會生活中的美好，即使只是簡單的小事，也能讓心情變得明亮起來。

　　當快樂不再取決於外在成就，而是源自內心對生活的珍惜與感恩，我們將擁有持續前進的力量。讓快樂成為生活的自然狀態，讓每一天都充滿輕鬆與活力，這是對自己最好的禮物。

第四章　情緒與壓力的輕鬆平衡術

第五章
幽默的生活智慧

第五章　幽默的生活智慧

一、以笑聲拉近距離

1. 幽默感藏在生活裡

幽默感不只是讓人開懷一笑的工具，它更是一種能點亮日常、化解壓力的生活智慧。擁有幽默感的人，能在面對各種場景時，巧妙地用幽默化解尷尬，使氣氛變得輕鬆自然。

幽默不僅讓人與人之間的互動更加溫暖，也能幫助我們調整心態，減輕壓力帶來的負擔。當我們學會以幽默的角度看待生活，就能發現平凡日子裡原本不起眼的樂趣。

懂得運用幽默，不只是讓生活多一份笑聲，更是讓心情保持明亮的方法，陪伴我們度過高低起伏的每一天。

2. 輕鬆之間，藏著人際溫度的差異

具備幽默感的人，通常更能以開放的心態面對不同情境。他們懂得適時調節氛圍，即使遇到困難或緊張時刻，也能巧妙化解壓力，使交流變得更加順暢。

反之,缺乏幽默感的人,面對棘手情境時容易顯得拘謹,甚至令氣氛變得僵硬。他們往往過於認真對待每個細節,忽略了用輕鬆方式緩解緊張的重要性。

培養幽默感,能使我們在交流中更加靈活,也能讓自己與他人相處時感受到更多自在與愉快。

3. 找到幽默的開關

- 留意生活趣事:多觀察生活中的有趣瞬間,擴展幽默素材。
- 學習幽默表達:模仿幽默的人,提升表達效果。
- 了解幽默的時機:在適當的情境中輕鬆地表達幽默。
- 保持開放心態:用輕鬆角度看待事情,減少過度緊繃。
- 練習自我幽默:勇於自嘲,營造親和氣氛。

4. 幽默讓溝通更順暢

家榮是一位會計師,日常工作內容偏向嚴謹,溝通時常給人嚴肅的印象。團隊會議中,總是缺乏輕鬆的氛圍,討論

第五章　幽默的生活智慧

容易陷入僵局。

　　一次偶然的機會，他決定嘗試在會議中穿插輕鬆的比喻和小故事。例如，他將複雜的財務管理比喻成「讓預算減肥」，瞬間讓緊繃的氣氛緩和下來，團隊成員也開始更踴躍地發言。

　　逐漸地，家榮發現幽默不僅能緩解壓力，還能激發創意，促進團隊合作。他的經驗說明了，幽默感是提升溝通效率的有力工具，也是建立良好人際互動的重要橋梁。

5. 幽默讓交流變得自然

　　幽默能快速拉近彼此的距離，使人際互動更加自然流暢。適當的幽默能打破初次見面的拘謹，營造輕鬆氛圍，讓對方感到舒適自在。

　　在人際交往中，幽默可以巧妙轉化緊張局面，使溝通更順暢。無論是日常交流還是正式場合，幽默都是有效促進理解與信任的助力。

　　當我們懂得靈活運用幽默時，便能使互動過程充滿溫度，建立起良好的人際關係。

6. 替生活加料

　　培養幽默感並非一蹴可幾，而是長期累積的過程。當我們養成習慣性從輕鬆的角度看待生活時，會發現身邊的趣味瞬間逐漸增多，心情也變得更加輕快。

　　這種長期的習慣能讓我們面對挑戰時更從容，同時提升生活的滿意度。幽默感的累積效果，使我們在不同場合都能靈活應對，營造良好氛圍。

　　幽默不只是即興的玩笑，而是一種長期滋養內心的能力，讓我們的生活處處充滿亮點。

7. 讓幽默滲透日常

　　當幽默感融入日常生活，我們便能以更輕鬆的心情迎接每一天。無論是工作上的挑戰，還是生活中的瑣事，幽默都能成為調節情緒的好幫手。

　　養成幽默習慣，需要我們持續觀察生活中的趣味，並勇於分享幽默想法。當我們懂得用幽默點綴生活時，日子將不再單調，而是處處充滿笑聲與溫暖。

第五章　幽默的生活智慧

　　讓幽默成為生活的一部分,便是選擇以輕鬆自在的步調,迎接生活的每一次驚喜。

二、輕鬆學會幽默的技巧

1. 培養幽默感的起點

　　幽默感不是天賦,而是觀察力與體會力的結晶。生活中有許多有趣的瞬間,往往藏在平凡無奇的日常裡。學會捕捉這些細節,是培養幽默感的第一步。

　　比如,走在路上看到小狗追著自己的尾巴打轉,或是工作時電腦「罷工」的那一刻,換個角度來看,這些小插曲其實充滿趣味。當我們開始留意這些幽默細節,笑聲也就自然地流入生活。

　　幽默感就像打開窗戶迎接陽光一樣,當我們願意敞開心扉,世界會以微笑回應我們。

2. 體會幽默與生硬對話的分野

　　有幽默感的對話,像是微風拂面,讓人感到輕鬆愉快。而缺乏幽默的交流,則可能顯得生硬甚至帶有壓力。幽默感

第五章　幽默的生活智慧

讓對話多了彈性，使交流變得柔和而有層次。

相反地，過度認真的談話容易讓氣氛陷入拘謹，使彼此之間的距離感加深。懂得適度運用幽默，可以讓互動更加自然，也更具親和力。

從這裡可以看出，幽默感不僅改善氣氛，還能提升互動的深度與質感。掌握這種能力，對於無論是職場還是私下的交流，都是寶貴的加分項。

3. 養成幽默感的小練習

- ◆ 留意生活中的趣味：細心觀察日常，發現不經意的笑點。
- ◆ 嘗試幽默表達：勇敢在對話中加入輕鬆語句。
- ◆ 學會自我調侃：輕描淡寫地看待自己的小錯誤。
- ◆ 觀察幽默高手：學習他人如何巧妙運用幽默。
- ◆ 保持開放心情：用輕鬆的視角面對生活，減少緊張感。

這些練習不僅能讓我們增進幽默感，也能提升生活的樂趣。當幽默成為自然習慣時，交流將變得更加自在。

4. 從嚴肅到風趣

宜萱原本是一位嚴謹的教師，講課總是規矩嚴肅，學生們對她有些敬而遠之。某次課堂上，她突發奇想，將數學公式比喻成「戀愛關係裡的相互依存」，教室裡立刻充滿笑聲。

這樣的小變化讓課堂氣氛大為改觀，學生們開始更積極參與討論。宜萱發現，幽默感並不需要刻意雕琢，而是來自對生活的靈感與對學生心情的體察。

她的轉變說明了：只要願意練習，每個人都能培養出屬於自己的幽默風格。

5. 點亮人際互動

在互動中靈活運用幽默，可以有效拉近彼此距離，讓交流變得更加輕鬆愉快。無論是工作會議還是朋友聚會，幽默都是促進互動的潤滑劑。

適當的幽默可以打破沉默，也能消除緊張感，讓對話自然展開。這樣的互動不僅提升交流的質感，也能累積彼此的好感與信任。

第五章　幽默的生活智慧

幽默感為人際互動增添光彩,是值得我們投入時間去培養的寶貴能力。

6. 小習慣成就大幽默

幽默感的培養離不開日積月累的小習慣。每天花點心思觀察生活中的趣味,或是在對話中多一分靈活思考,都能慢慢累積我們的幽默觸覺。

這些小習慣會隨著時間逐漸發酵,讓我們能夠自然流露幽默感,輕鬆帶動交流氛圍。幽默感的提升,是持續累積的成果,而非一蹴可幾。

7. 讓幽默帶走壓力

當幽默感成為生活的一部分,我們的心情會變得更加輕快,互動也更加愉悅。每天練習用幽默看待小事,生活中的壓力與煩惱也會變得容易釋懷。

讓幽默融入生活節奏,意味著選擇一種輕鬆自在的生活態度。這樣的習慣,將為我們帶來更開闊的心境與更豐富的人際關係。

三、在合適時機展現智慧

1. 善用幽默開場，讓對話自然展開

在交談時，一個巧妙的幽默開場，可以瞬間打開話題的閘門，讓交流變得輕鬆愉快。輕鬆的話語能拉近彼此距離，營造親切氛圍。

例如，初次見面時幽默介紹自己，或用風趣的比喻來破冰，都能使對方迅速卸下心理防備，讓對話自然展開。

2. 巧妙運用幽默，避免過度誇張

幽默的精妙之處，在於掌握分寸。過度誇張的表達反而會讓人感到不自然，甚至失去原有的趣味。

適時適量地運用幽默，能讓對話多一份生動而不失分寸的溫暖。懂得收放自如，是幽默表達的重要技巧，也是展現智慧的關鍵。

3. 培養幽默表達的技巧

- 選擇合適時機：根據情境適當運用幽默語言。
- 注意語氣與表情：配合語言，讓幽默更具效果。
- 尊重對方感受：幽默應建立在對他人的理解上。
- 善用生活比喻：讓話題更貼近日常，易於共鳴。
- 結合故事技巧：用生動敘述提升幽默感染力。

透過這些技巧的練習，幽默不再遙不可及，而是我們輕鬆駕馭的表達方式。

4. 幽默提升互動效果

逸昕是一位銷售顧問，起初在推薦產品時總是顯得拘謹。後來她學會在介紹過程中適時加入幽默元素，例如形容產品：「這設備比我的男友還要可靠。」

這樣的輕鬆語言不僅讓客戶放鬆心情，也讓產品特點更容易被記住。逸昕的經驗顯示，幽默是提升溝通效果的絕佳工具。

5. 在專業與輕鬆之間找到平衡

幽默感不應該損害專業形象，反而應成為加分的輔助。

表達方式	對專業形象的影響	對互動氣氛的影響	綜合效果
適度幽默	保持專業且不失親切感	氣氛輕鬆，交流流暢	增強印象，促進合作
過度幽默	專業感降低，顯得輕浮	對話過於娛樂化，失去重點	影響信任感，效果打折
缺乏幽默	保持專業但缺乏溫度	氣氛緊繃，互動受限	難以建立親和感

適度的幽默不僅能提升專業溝通的效果，也能讓人際互動更加流暢自然。

6. 日常練習幽默表達的方法

要讓幽默感融入表達，需要日常持續練習。例如，在聊天時觀察哪些話題能引發共鳴，或是試著用輕鬆語氣回應日常小事。

這些練習看似簡單，卻能逐步提升我們的幽默敏感度，讓表達更加自然流暢，進而打造輕鬆愉快的交流氛圍。

第五章　幽默的生活智慧

7. 讓幽默成為交流的溫暖橋梁

　　幽默是溫暖交流的橋梁，它能消除隔閡，增進理解。當幽默成為我們自然的溝通方式，對話將不再單調，互動也更有層次。

　　讓幽默自然融入對話中，不僅能豐富交流，也能讓我們在人際互動中展現真誠與親切，使每一次交流都留下溫暖印象。

四、化解尷尬的潤滑劑

1. 以笑聲輕輕撥開迷霧

在人際互動中，彼此之間往往存在著看不見的距離感。這種距離，可能來自初次見面的拘謹，也可能來自不同背景帶來的隔閡。幽默就像一縷輕風，能輕輕地撥開這層迷霧，讓彼此的交流變得輕鬆自在。

當我們善用幽默展開對話時，對方往往能迅速感受到我們的友善與親近。無需浮誇，只需一句貼切的輕鬆話語，便能讓對話氛圍從拘謹轉為輕快。

幽默不僅僅是笑聲，它更是消除隔閡、營造融洽氛圍的有力工具。

2. 尷尬與幽默應對之間的巧妙平衡

在人際互動中，尷尬總是悄然降臨。有時是話題突然中斷，有時是語言不妥帶來的靜默時刻。如果這些情況沒有

第五章　幽默的生活智慧

妥善處理，氣氛容易變得僵硬，雙方的互動熱情也會隨之下降。

然而，當我們懂得用幽默應對尷尬，情況就會截然不同。一句輕鬆的自我調侃或機智的比喻，不僅能迅速緩和氣氛，還能使對話重新流暢起來。與此相反，若我們選擇忽略尷尬、讓冷場持續發酵，氣氛只會愈發緊張，甚至讓對方產生距離感。

幽默的回應如同一劑溫和的潤滑劑，不僅能在瞬間扭轉對話的僵局，還能在對方心中留下輕鬆愉快的印象。反之，若選擇迴避不處理，則可能錯失化解僵局的良機，甚至讓對方對整體互動失去興趣。

因此，掌握幽默化解尷尬的能力，不只是臨場的應變技巧，更是提升人際魅力的重要關鍵。每一次巧妙的幽默回應，都是一次無聲的魅力展現，讓我們在人際互動中更加游刃有餘。

從這裡可以看出，幽默是一種極佳的應對策略，不僅能化解當下的尷尬，也能為互動增添溫暖色彩。

3. 幽默化解尷尬的妙招

- 善用輕鬆自我調侃：輕描淡寫地處理自己的小錯誤，減輕尷尬。
- 找到話題轉折點：適時引入新話題，轉移注意力。
- 使用輕鬆比喻：將情境比喻成輕鬆畫面，讓人會心一笑。
- 留心語氣與表情：用自然的笑容與語調，帶動輕鬆氛圍。
- 適時以幽默回應他人：面對對方的小錯誤，以幽默化解尷尬情緒。

這些方法能靈活運用於各種互動中，幫助我們掌握化解尷尬的藝術。

4. 巧用幽默，轉化難堪局面

浩庭是一位產品經理，在一次簡報中，他不慎將數據資料說成「菜單」，引起現場一陣靜默。意識到這個錯誤，他微笑著補充：「看來大家餓了，數據也開始散發食物的香氣了呢。」

第五章　幽默的生活智慧

　　這一句輕鬆的自我調侃，立刻讓現場氣氛轉為輕鬆。原本可能持續的尷尬被成功化解，與會者也更專注地投入後續內容。

　　浩庭的經驗說明，幽默不僅能緩解緊張，還能重啟交流，使互動重回順暢的節奏。

5. 幽默能讓人留下好印象

　　幽默能縮短彼此間的心理距離，使互動變得更有溫度。當我們用幽默回應對方，會讓人感受到一種輕鬆且友好的態度，自然降低交流中的壓力。

　　此外，幽默還能建立起一種默契感。當對方接收到我們的幽默訊號並產生共鳴時，雙方的連結感也隨之加深，進一步促進理解與信任。

　　善用幽默，是拉近人際距離的一把鑰匙，讓我們在人群中更自如地展現自己。

6. 每日小幽默,展現親和力

　　幽默感的培養需要日常的累積。每一天,我們都可以在互動中加入一點輕鬆的元素,無論是與同事討論任務,還是與朋友分享生活趣事。

　　這些看似微小的幽默瞬間,會在日積月累中轉化為我們的人際親和力。久而久之,幽默將成為我們交流時的自然流露,使互動更加愉悅而富有溫度。

　　幽默不必**轟轟**烈烈,但可以如涓涓細流,滋養我們的人際關係。

7. 讓幽默化為亮點

　　當幽默成為我們交流的一部分,互動便能閃耀不同的光彩。它不僅使對話過程變得輕鬆,更能在人際關係中留下深刻印象。

　　讓幽默自然融入每一次交流,不需刻意安排,卻能在潛移默化中改善互動。當幽默成為我們溝通的亮點,每一次對話都會因為多了一抹笑聲而變得更加動人。

第五章　幽默的生活智慧

幽默是生活的潤滑劑,也是人際關係的點睛之筆。用幽默豐富交流,我們的人生將因此變得更加溫暖而精彩。

五、從挫折中笑對人生

1. 笑看錯誤，讓步伐更輕盈

誰都希望自己在人前表現得完美無瑕，但現實往往不如理想。人生旅程中，錯誤如影隨形。每當這些小插曲發生，我們其實有選擇權：是緊張焦慮地面對，還是用一抹微笑輕輕帶過。

幽默是一種態度，它幫助我們重新定義失敗的意義。當我們能夠笑對失敗，那便不再是壓垮自信的重量，而是讓我們學會輕盈前行的契機。

用幽默包容自己的不完美，是對生活的溫柔回應，也是留給自己喘息的空間。畢竟，人生的舞臺不需要每一幕都完美收場，笑聲同樣能成為最亮眼的結尾。

2. 面對錯誤時，心態的選擇

當我們犯錯時，心中常常上演兩種聲音。一種是嚴苛的自責，不斷提醒自己錯誤的代價；另一種，則是幽默的調

第五章　幽默的生活智慧

侃,輕輕化解尷尬,減輕心理負擔。

　　選擇用幽默回應錯誤的人,通常能較快放下心理包袱。他們懂得以輕鬆的方式面對挫折,避免陷入過度自責的漩渦。反觀,習慣嚴苛對待自己的人,容易因一次小錯誤而放大焦慮感,甚至影響後續的自我肯定。

　　當我們選擇用幽默看待錯誤,會發現內心的緊繃感漸漸鬆開,理性思考也隨之而來。這樣的心態轉換,不僅能緩解情緒,更能幫助我們在面對下一次挑戰時更加從容。

3. 懂得自嘲應對

- ◆ 接受不完美的自我:意識到錯誤是成長過程的一部分。
- ◆ 用輕鬆語氣描述挫折:減少自責感,降低壓力。
- ◆ 分享小失敗故事:在合適場合與人分享,轉化為交流的趣味點。
- ◆ 觀察他人自嘲方式:學習他人如何自然幽默地面對失敗。
- ◆ 用幽默為錯誤畫上句點:不讓錯誤成為心理負擔,輕鬆釋懷。

五、從挫折中笑對人生

自嘲不是自貶,而是用一種輕盈的方式接納不完美的自己,這份態度會讓我們更自在地面對未來挑戰。

4. 一場誤會中的幽默轉機

文耀是一位知名的品牌演說家,在一次大型新品發表會上,他不小心將產品名稱念錯,當場陷入短暫冷場。面對數百位觀眾,他沒有慌亂,而是笑著補上一句:「看來我自己太期待新品,連名字都提前改版了!」

觀眾立刻被他的輕鬆回應逗笑,氣氛迅速緩和下來。更巧妙的是,他接著利用這個「錯誤」作為話題延伸,介紹產品的創新特色,巧妙地將小錯誤轉化為亮點。

事後,這段即興幽默被拍攝成短片在社群媒體廣為流傳,成為品牌宣傳的另類推手。文耀的經歷證明,錯誤不可怕,可怕的是不懂得用幽默化解。掌握這樣的態度,我們能將看似尷尬的瞬間,變成贏得掌聲的機會。

第五章　幽默的生活智慧

5. 幽默助力，將錯誤轉換為成長契機

錯誤發生時，若選擇沉溺於自責，便容易陷入情緒低谷，難以自拔。然而，若能以幽默面對，我們便能從困境中抽身，獲得新的視角。

當下的幽默回應，能即時釋放壓力，避免情緒積壓。接著，我們有餘裕冷靜分析錯誤原因，進行有效調整。這樣的處理方式，能夠提升心理韌性，逐步建立起從失敗中汲取成長動力的能力。

每一次用幽默化解的挫折，都是一次心理訓練，也是邁向成熟的重要一步。

6. 打造強大的心理

心理韌性來自於日常的小累積。當我們習慣以幽默回應挑戰，便能在面對困境時保持平穩的心態。這種能力不僅能幫助我們應對眼前的難題，也能在未來的未知挑戰中，讓我們更加從容不迫。

幽默讓我們學會在風浪中找尋平衡，不讓短暫的失敗遮

蔽長遠的目標。當我們擁有這樣的心理韌性，即使面對多重挑戰，也能保持穩定步伐，迎接每一次考驗。

7. 讓幽默成為面對失敗的默契夥伴

錯誤雖然難以避免，但我們可以選擇用什麼態度面對。當幽默成為我們的默契夥伴，面對錯誤時，我們不再感到尷尬與恐懼。

幽默不僅僅是情緒的調節，更是心態的轉換。它幫助我們在面對失敗時，找到正向出口，保持心情的穩定與靈活。

讓幽默自然地流入每一次挑戰中，讓它成為我們應對不完美生活的好幫手。這樣的態度，不僅能減輕壓力，也能讓我們以更輕盈的步伐，迎接未知的旅程。

第五章　幽默的生活智慧

六、情緒舒壓的溫柔支撐

1. 一絲笑意，如同暖陽

　　生活有時像厚重的鉛雲，壓得人喘不過氣。工作壓力、人際壓力、內心的焦慮交織在一起，讓我們疲憊不堪。然而，就在這樣沉重的氛圍裡，一絲幽默的笑意，往往能輕輕穿透雲層，帶來久違的陽光。

　　幽默是情緒的調節器。當我們面對挑戰時，能夠用一絲輕鬆的笑意點綴心情，心裡的緊繃感就會悄悄釋放。即使問題本身沒有解決，心境卻因此變得輕快許多。

　　這一絲笑意，是心靈最溫柔的支撐，也是面對生活壓力時的祕密武器。

2. 情緒波動中的幽默安定力

　　情緒如潮水般起伏不定，尤其在壓力大時更是如此。有時我們容易被情緒牽著走，進而影響判斷與行動。這時，幽

默便是穩定情緒波動的良方。

當情緒低落時，幽默能為我們帶來暫時的喘息空間。即便問題依然存在，一個幽默的角度看待眼前局勢，能使我們拉開與情緒波動的距離，冷靜地思考下一步。

當情緒高漲，可能因興奮或焦慮而失去平衡，幽默的介入能適時減緩過度反應，讓我們回歸穩定節奏。

幽默就像情緒的平衡桿，幫助我們在各種波動中找到內心的穩定點。無論潮水如何翻湧，幽默都能讓我們在變化中保持平和。

3. 用幽默為情緒降溫的實踐

- 轉換角度看待困境：幽默幫助我們跳脫情緒泥沼。
- 在對話中穿插輕鬆語句：緩解緊張情緒，讓氣氛自然流轉。
- 適度自我提醒：面對壓力時，給自己一個輕鬆的出口。
- 觀察幽默情境，學習轉化情緒：從他人身上汲取靈感。
- 善用幽默日記：每天記錄讓自己微笑的小瞬間，累積正面能量。

第五章　幽默的生活智慧

　　這些實踐方法能夠幫助我們，在日復一日的生活裡，學會用幽默滋養心靈，安撫情緒波動。

4. 以幽默凝聚團隊向心力

　　信華是一家新創企業的專案經理，在面臨專案截止日期逼近時，整個團隊氣氛緊張到幾乎無法交流。每個人都在壓力下繃得死死的，任何一句多餘的話都可能引爆情緒。

　　就在一場進度會議中，信華輕鬆地說道：「各位，我們現在就像一鍋滾燙的湯，如果再不攪拌一下，恐怕要燒焦了！」

　　一句比喻讓大家忍不住笑了出來。緊接著，他又補充：「不如我們每人說一句最近遇到的趣事，輕鬆一下再回到專案。」

　　這場短短五分鐘的小互動，竟意外打開了團隊的心防。大家輪流分享生活中的趣味瞬間，氣氛漸漸緩和，合作的默契也在笑聲中重新建立。

　　信華的經驗告訴我們，幽默不只是應對個人情緒的調節劑，也是團隊氛圍的潤滑劑。當壓力幾乎要壓垮整個團隊時，一點點幽默，能帶來意想不到的轉機。

5. 情緒壓力過濾器

在生活的壓力洪流中,我們難免會感受到壓迫感。幽默,正是這股洪流中的過濾器,幫助我們篩選掉不必要的壓力沉澱物,只留下清澈的思緒與輕盈的心情。

當我們能用幽默看待生活中的小波折,那些原本可能積壓心頭的煩惱,就像被過濾掉的雜質一樣,變得不再那麼沉重。幽默為我們創造心理上的緩衝帶,使我們能保持良好的判斷力與生活的熱情。

透過幽默過濾壓力,我們不僅保護了自己的情緒健康,也讓日常變得更加清新爽朗。

6. 幽默中的療癒力,撫平心靈的波紋

壓力在生活中無所不在,但幽默帶來的療癒力量,能為我們撫平內心的波紋。當我們能用幽默看待生活中的不順時,心靈會變得更加堅韌。

舉例來說,面對計畫變動或突發事件時,一句輕鬆的話語,不僅能安慰自己,也能舒緩周圍人的焦慮。幽默讓我們從情緒低谷中緩步走出,重新拾起前行的力量。

第五章　幽默的生活智慧

這種療癒力，不僅僅是表面的笑聲，更是對生活態度的深層調整。它提醒我們：即使風雨再大，依然可以笑著走過。

7. 日常的溫暖底色

這樣的幽默，不是為了取悅誰，也不是單純的娛樂，而是讓我們在面對挑戰時，擁有一份屬於自己的溫柔力量。它陪伴著我們走過壓力高峰，跨越情緒低谷，讓每一天都多一分從容。

當幽默成為生活的溫暖底色，我們將能以更開闊的心胸擁抱人生，讓每一個看似平凡的日子，都閃耀著不平凡的光芒。

第六章
打造輕鬆高效的工作節奏

第六章　打造輕鬆高效的工作節奏

一、打破職場慣性疲勞

1. 擺脫機械式循環，為工作注入新鮮感

職場上的疲憊感，很多時候並非來自工作的繁重，而是日復一日帶來的心理麻痺。當任務變成機械化流程，工作不再是挑戰，而是枯燥乏味的負擔。

創意，是打破這種慣性疲勞的關鍵。透過創意，我們可以重新定義任務的意義，即便是例行公事，也能被重新包裝成富有挑戰性的練習場。

創意不只是靈感的火花，它是持續的腦力激盪。當我們運用創意重塑工作流程，工作本身也會因而煥發新生。

2. 用創意化解疲勞的循環

職場疲勞往往伴隨著流程重複和挑戰缺失。當工作步驟變成一成不變的例行事務，員工的參與感和成就感也隨之降低。

相對地，創意思考能賦予工作新的活力。像是改良既有流程，尋找更高效的操作方式，或者在每日會議中導入新互動模式，這些看似微小的變化，卻能有效喚醒團隊的思考能量。

當創意成為工作的一部分，日常任務也能從疲勞來源轉變成驅動力來源。

3. 激發職場創意

- 問題視角轉換：換個角度審視挑戰，激發新解決方案。
- 交叉部門合作：多元視角交融，帶來意想不到的創新點子。
- 創意工作坊：定期舉辦交流活動，培養創新文化。
- 打破時間框架：靈活安排時間，留有充分的創意思考空間。
- 鼓勵提出實驗性建議：營造包容試錯的環境，降低創意障礙。

這些策略不僅提升了員工參與度，也能讓創新成為職場文化的自然部分。

4. 跨部門創意聯動，釋放團隊潛能

嘉霖科技是一家科技解決方案公司，曾因流程過度標準化，導致團隊出現嚴重的創意疲勞。每個部門各司其職，卻也因此缺少了交流碰撞的火花。

新任總監婉婷上任後，打破了部門邊界。她設立「創意交流日」，每月定期讓不同部門混編成小組，針對公司挑戰提出創新建議。

最初大家難免拘謹，但隨著活動持續，工程師開始理解市場部門的需求，業務團隊也從技術團隊中獲得了新靈感。一次跨部門的討論，竟意外促成了一款新產品功能改良，縮短了上市時間，並提升用戶體驗。

嘉霖科技的經驗告訴我們，創意不一定要來自個人靈感的閃現，它更可以透過團隊互動被激發。只要營造好環境，創意能量就會自然流動。

5. 職場的正向循環器

當創意融入工作日常，它不僅僅解決單一問題，更會形成一種正向循環。創新的環境激發員工思考，員工的創意又

一、打破職場慣性疲勞

反哺組織成長。

這樣的循環不僅僅提升效率，更強化了職場文化。每一次創意被鼓勵，員工便多一份投入感。每一次創新被落實，組織便向更靈活、更富活力的方向邁進。

創意像潤滑劑，能讓組織運轉得更流暢，同時減少因重複性工作帶來的心理疲憊。

6. 如何用創意提升職場影響力

在職場中，擁有創意思考能力的人，往往能迅速成為團隊焦點。他們能提出與眾不同的解決方案，也能帶動團隊從固有思考模式中跳脫出來。

創意思維不僅是一種解決問題的能力，更是影響力的泉源。當我們能用新視角為團隊注入活力，自然能贏得同事的信任與管理層的重視。

這種正向的影響力，會在無形中擴散開來，成為個人職場競爭力的重要資產。

7. 讓創意成為職場文化的核心

當創意不再是偶爾的靈感,而是深植於組織文化中的日常習慣,整個團隊都會受益。

領導者可以透過鼓勵創意提案、建立創新獎勵機制,讓員工感受到創意被重視。員工則能在這樣的氛圍中,持續貢獻自己的想法,讓組織充滿活力。

當創意成為職場文化的核心,疲憊感自然會被新鮮感所取代,職場生活也因此變得充滿期待與驚喜。

二、職場情緒溝通術

1. 讀懂情緒，拆解溝通中的隱形障礙

在職場裡，溝通看似平常，實則充滿變數。語言本身並不難掌握，但人與人之間的情緒波動，卻經常讓訊息失真，導致誤解與摩擦。

情緒是溝通中最容易被忽視，卻又最關鍵的元素。一次語氣不當的回應，可能就讓原本單純的問題升級為緊張的衝突。

如果能敏銳地捕捉情緒訊號，就能在誤解發生前，拆解這些隱形障礙。讀懂情緒，是職場溝通中最重要的起點。

2. 誤解與理解之間

在溝通中，我們常見兩種截然不同的情緒處理方式，一種是錯誤的情緒反應，另一種是精準的情緒引導：

第六章　打造輕鬆高效的工作節奏

情緒處理方式	當下反應	溝通結果	長遠影響
錯誤情緒反應	情緒直接爆發，忽略語氣與氛圍	產生誤解，加劇對立情緒	長期累積成溝通障礙，影響合作默契
精準情緒引導	先理解對方情緒，再回應內容	促進理解，化解潛在衝突	建立信任感，製造良好的溝通氛圍

這張表清楚展現出，正確的情緒溝通不僅能避免誤解，還能讓團隊彼此之間建立起更深的信任感。

3. 轉化情緒的實踐技巧

◆　緩衝情緒反應時間：遇到刺激，先停頓三秒再回應。
◆　以理解為溝通起點：先確認對方感受，再表達觀點。
◆　善用開放式問題：引導對方敞開心扉，而非單向輸出。
◆　留意非語言訊號：情緒常常藏在表情與語氣中。
◆　建立情緒調整習慣：持續自我覺察，避免被情緒主導。

這些技巧，能幫助我們更好地管理溝通中的情緒變數，降低誤解風險。

二、職場情緒溝通術

4. 團隊溝通的重塑之路

玟欣負責帶領的專案團隊，起初因工作壓力大，成員間常因一句無心的話而爭執。特別是遇到緊急任務時，稍有語氣不當，便迅速引爆情緒。

意識到這個問題後，玟欣主動邀請專業顧問協助團隊進行溝通。她設立「情緒共識會」，鼓勵成員每週分享一次情緒觀察，不僅釋放心情，也讓彼此更理解彼此的壓力來源。

一位成員曾分享：「當我看到同事沉默不語時，不再以為是冷漠，而是明白他正在思考下一步行動。」

幾個月下來，團隊不再因為情緒誤解而發生衝突，合作效率明顯提升，專案進度也更加順暢。玟欣的經驗告訴我們：職場溝通的核心不只是說話技巧，而是對情緒的理解與引導。

5. 使用情緒引導，改善溝通氛圍

當我們學會引導情緒，職場溝通氛圍自然會發生正向轉變。原本容易引發爭執的對話，變得平和有序；原本難以啟齒的建議，也能順利傳達。

有效的情緒引導，能讓團隊成員感受到被理解與尊重，進而願意更坦誠地交流。這樣的氛圍，促使問題更快被發現並解決，也讓合作更加緊密。

6. 情緒覺察：良好溝通的起點

溝通之所以失效，往往是因為忽略了情緒覺察。當我們專注於傳達訊息時，如果未能同步觀察自己與對方的情緒，就容易誤踩雷區。

情緒覺察不僅是觀察他人，也包括對自身情緒的理解。比如，在回應前先感受自己的情緒波動，可以避免衝動回應造成的誤解。

良好的情緒覺察力，能讓我們在溝通中保持冷靜，選擇最適合的語言與表達方式，使溝通更有深度與效果。

7. 讓情緒溝通成為職場中的默契語言

當情緒溝通成為團隊日常的一部分，職場氛圍將更加和諧。彼此間不再只是冰冷的任務交接，而是帶著理解與支持的互動。

二、職場情緒溝通術

　　這樣的溝通不需要刻意強調,因為它早已成為團隊的默契語言。當成員能夠敏銳捕捉彼此情緒變化,自然能及時調整溝通方式,達到良好的合作效果。

　　讓情緒溝通融入職場,便是讓理解與共識成為日常工作的一部分,推動整體團隊向著更高效、更和諧的方向前進。

三、讓合作變成共享榮耀

1. 擺脫單打獨鬥，凝聚團隊心力

在職場上，許多人習慣獨自面對挑戰。雖然獨立完成任務能展現個人能力，但長期下來，卻容易感受到孤軍奮戰的壓力。

真正優秀的團隊合作，不只是分工合作，更是心力的結合。當每位成員都能將心力聚焦於共同目標，團隊就會形成強大的推進力，彼此之間不再是任務的接棒者，而是共同創造成果的夥伴。

團隊心力如同河流匯聚而成的大海，每一股力量都至關重要，缺一不可。

2. 單打獨鬥與共享榮耀的對照

不同的合作模式，決定了團隊的氛圍與成效。我們來看一下這樣的對比：

三、讓合作變成共享榮耀

合作模式	團隊氛圍	工作推進方式	成果感受
單打獨鬥	成員各自為戰，彼此疏離	任務獨立推進，溝通較少	個人成就感有限，缺乏共同榮譽感
共享榮耀	成員凝聚，共同投入目標	團隊密切協作，經常交流意見	成果屬於整個團隊，榮譽感倍增

這個對比清楚顯示出，當團隊能夠共享榮耀時，成員之間的信任與合作就會迅速升溫，最終形成穩定的正向循環。

3. 塑造共享榮耀的文化

◆ 建立共同目標：讓所有成員明白並認同團隊願景。
◆ 強化相互支持：鼓勵成員在挑戰中互相幫助。
◆ 共同慶祝成果：每一次小成功都要一起歡慶。
◆ 定期團隊檢討：共同回顧經驗，持續改進合作方式。
◆ 強調彼此成就感：讓每位成員感受到自己對團隊的重要性。

這些步驟可以幫助團隊從日常互動中，逐漸培養出深厚的凝聚力，形成穩定而強大的團隊文化。

4. 共享專案成功的喜悅

皓宇是一家設計公司的專案負責人，起初他發現團隊成員之間缺乏交流，常常各自埋頭完成分內任務，彼此之間幾乎沒有互動。

為了改變這種情況，皓宇重新設計了專案流程。他將任務拆分成需要多部門協作的小組任務，並安排每週「共享進展會議」，鼓勵團隊成員交流彼此的成果與挑戰。

此外，他還設置了「團隊成就牆」，記錄每一位成員的貢獻，並在專案完成時舉辦慶祝活動，讓大家共同享受成功的喜悅。

結果，原本冷淡的團隊氛圍被熱烈的合作精神取代，專案進度不僅提前完成，成員之間的信任感也顯著提升。皓宇的經驗說明，當團隊共享榮耀時，每個人都能找到屬於自己的價值與成就感。

5. 榮譽感如何推動團隊持續前進

共享榮耀帶來的，不僅是短暫的滿足感，更能激發成員持續投入工作的熱情。

三、讓合作變成共享榮耀

　　當團隊成員知道自己的努力能被看見並被肯定，就會產生更多動力去挑戰更高的目標。這種由內而外的驅動力，能夠鞏固團隊合作的基礎，並推動整體向更高水準邁進。

　　榮譽感不僅僅來自外部獎勵，它還來自成員之間的相互認可與尊重。這份無形的力量，正是團隊持續前行的原動力。

6. 困境中更需團隊共同支撐

　　在挑戰與壓力面前，單打獨鬥的模式往往難以為繼。相反地，當團隊彼此支撐，共同承擔壓力時，便能轉化困難為前進的動力。

　　良好的團隊氛圍能讓成員勇於分享困境，尋求支持。每一位成員的力量匯聚起來，就能為團隊撐起一道堅固的防線，讓所有人都能安全穿越難關。

　　共享榮耀的團隊，不只在勝利時共享喜悅，也能在困境中互相扶持，走得更遠。

7. 讓共享榮耀成為團隊文化

當共享榮耀成為團隊文化的核心價值，合作便不再是任務分工，而是共同書寫成就故事的過程。

每一次合作，每一次成果，都將成為團隊凝聚力的養分。當成員們習慣彼此支持與肯定，團隊的力量將變得無比堅韌。

讓共享榮耀滲透進團隊文化中，不僅能提升成員的工作滿意度，也能讓團隊在每一次挑戰中，不斷成長茁壯。

四、善用反思力，成就專業進化

1. 啟動思考的深層層次，讓成長有跡可循

職場上的進步，從來不只是日復一日的忙碌累積。若缺少反思，我們很容易被日常瑣事牽引，卻始終停留在原地。

反思力，是讓成長擁有明確路徑的關鍵。它幫助我們回望過去的經驗，提煉出有價值的啟發，並運用於未來挑戰中。藉由反思，我們能夠清楚掌握自身的優勢與不足，為專業發展建立詳細藍圖。

思考不止於當下的解決方案，更在於為未來鋪設道路。反思力，正是這條道路上的明燈。

2. 走過迷霧，踏上思考之路

在職場中，完成任務固然重要，但如果僅僅停留在完成的層次，缺少對過程的深度理解，就容易陷入機械式的操作模式。當我們只是專注於「做」，卻從不回顧「怎麼做」或

「做得好不好」,時間久了,便會發現成長的步伐緩慢,甚至不知不覺間重複犯下相同的錯。

反之,懂得反思的人,在每一次任務完成之後,會主動回顧過程,尋找可以改進之處。他們會思考自己哪一步做得扎實,哪一步還可以提升,並從中汲取經驗,調整策略。

簡單來說,盲目執行讓工作變得單純而重複,缺少深度與提升空間。相對地,反思後再行動的人,則能在實踐中累積洞察力,轉化為實力,逐步提升專業層次。這樣的對比,正顯示出反思力的重要性:它不僅讓工作變得更有價值,也能為個人的成長之路帶來更明確的方向。

3. 鍛鍊反思力的實踐方法

- ◆ 記錄每日收穫:將每天的重要發現記錄下來,形成脈絡。
- ◆ 回顧關鍵事件:整理一週內的重大經歷,找出重點啟發。
- ◆ 探討他人經驗:從他人的成功或挑戰中獲得新的觀點。
- ◆ 拆解任務流程:理解每個步驟的核心意義,避免流於形式。

◆ 定期自我提問：對自身工作提出挑戰性問題，刺激深入思考。

這些方法能幫助我們養成思考習慣，避免只流於完成任務，真正推動專業進階。

4. 工作團隊的反思能力

振威帶領的工程小組，曾因專案複雜度高而頻繁遭遇進度延宕。團隊原本習慣於「做完即算結束」，卻忽視了每次任務之間存在的寶貴學習機會。

為了改變這種情況，振威引入「專案回顧會」。每完成一階段任務，團隊便共同回顧過程，討論遇到的挑戰與收穫。

一次回顧會中，團隊成員意識到部分流程重複繁瑣，卻未曾調整。透過討論，他們提出改善建議，精簡了流程，大幅提升專案效率。

漸漸地，這種反思文化深入團隊，每一位成員都能主動提出建設性看法。最終，團隊不僅縮短了專案時程，還成功爭取到更多客戶專案。

振威的經驗證明，反思力不只是個人的成長工具，也是整個團隊進步的重要助力。

5. 反思力如何驅動專業發展

反思力為專業成長帶來兩層推動力：一是避免重蹈覆轍，二是探索進步的可能性。

透過反思，我們能從每一次工作經驗中萃取關鍵要素，並持續調整自己的工作策略。這樣的方式，不僅讓我們在面對挑戰時更加從容，也能讓專業技能在實踐中不斷深化。

職場中的專業發展，往往不是來自外界機會的偶然，而是源自自我反思後，針對性地強化能力與策略。

6. 反思習慣如何強化決策品質

高品質的決策，需要建立在深刻理解與周全思考之上。反思習慣能夠提供這樣的基礎。

當我們在面對抉擇時，能夠從過往經歷中提煉出有用的經驗，就能降低決策的盲點，提高成功的機率。即便未來變

四、善用反思力，成就專業進化

數再多，良好的反思習慣也能幫助我們穩定心態，做出更有前瞻性的判斷。

決策的精準度，往往取決於對過去經驗的理解深度。反思力，正是這份深度的來源。

7. 專業成長的必備特質

當反思成為工作生活的一部分，我們就能在不斷前行的過程中，始終保持明確的方向。

這種習慣不會只停留在檢討階段，它還會滲透到我們對未來規劃的每一個選擇裡。每一個看似微小的回顧，都是邁向專業成長的重要一環。

讓反思力內化於職場日常，我們不僅能持續提升自我，也能在面對未知挑戰時，始終保持穩健的前行步伐。

第六章　打造輕鬆高效的工作節奏

五、高效與自在之間，掌握職場節奏

1. 調整至舒適的步伐

在忙碌的職場中，很多人習慣以快節奏追求效率，卻忽略了步伐過快也會帶來疲憊。工作的節奏感，決定著一天的心情與表現。一味追趕進度，只會讓疲憊感不斷累積，最終迷失在壓力之中。

懂得調整步伐的人，能在任務緊湊時保持清晰的思路，也能在空檔時從容規劃，為下一階段充電。這樣的工作節奏，讓效率與自在達到平衡，讓我們不再被節奏牽著走，而是學會掌握節奏本身。

2. 過猶不及

職場節奏過快，容易讓人感到喘不過氣，焦慮感隨之而來。然而，如果步調過慢，工作效率下降，目標難以實現，

容易產生倦怠。

理想的職場節奏，應該是張弛有度：緊湊時集中精力處理關鍵任務，放鬆時留給自己調整心態的空間，保持穩定持續的前進力量。

找到屬於自己的工作節奏，不僅提升工作表現，更能維持心理的穩定與健康。

3. 規劃工作節奏的實用策略

- ◆ 確立任務優先順序：聚焦重點，避免分心。
- ◆ 切分工作階段：分段安排，降低壓力感。
- ◆ 合理安排休息時間：適時暫停，保持頭腦清晰。
- ◆ 留意身心訊號：適時調整節奏，避免過度疲憊。
- ◆ 彈性調整計畫：根據實際情況靈活調整步伐。

這些策略能幫助我們保持良好的工作節奏，不被外部節奏影響，真正做到自我掌握。

4. 建立個人節奏感

- 早晨設置工作計畫：為一天的節奏定調。
- 劃分時間點：定期檢查進度，調整工作安排。
- 結合身體節奏：配合自身精力高峰安排重要任務。
- 培養節奏感知能力：敏銳察覺節奏變化，適時調整。
- 建立工作與休息邊界：清楚劃分工作與休息時間，避免混淆。

這些方法不僅能幫助我們掌握日常工作的節奏，也能提升整體職場表現。

5. 在專案壓力下進行調整

昀廷是一位行銷經理，面對重要專案時，他總是不自覺地把工作節奏拉得過快，結果是自己疲憊不堪，團隊成員也難以跟上。

後來，昀廷開始反思自己的工作方式。他學會將專案拆分成多個階段，為每個階段設定明確節點，並在階段結束後安排短暫的調整時間。

同時，他也鼓勵團隊成員根據自身工作節奏調整進度，彼此協調配合，確保整體進度順暢。

這樣的改變讓團隊工作效率大幅提升，昀廷本人也擺脫了過往壓力過大的情況，成功駕馭高效與自在之間的平衡。

6. 合理節奏如何提升專案效率

工作節奏並非越快越好，適當的節奏安排能夠讓專案運行更流暢。當我們掌握了合理的節奏，便能有效分配資源與時間，降低重工與錯誤的機率。

良好的節奏能讓團隊合作更加順暢，每位成員都能在適當時機完成各自任務，避免衝突與延誤。

透過合理的節奏安排，專案管理不再是疲於奔命，而是有序推進，確保成果品質與團隊士氣雙贏。

7. 調整步伐，提升專業穩定度

穩定的工作節奏有助於提升專業形象。過快的節奏容易給人浮躁之感，過慢則可能讓人懷疑效率。

第六章　打造輕鬆高效的工作節奏

　　當我們能在不同任務之間靈活調整步伐，並保持穩定輸出，就能在同事與管理層心中樹立可靠的專業形象。

　　這種穩定感，不僅提升工作表現，也能幫助我們在職場中贏得更多合作機會。

六、讓成就感成為工作的動力

1. 自我鼓勵,點燃前行的渴望

在日常職場裡,我們經常忙於追求任務完成,卻忽略了過程中的成就感。當成果被視為理所當然,成就感便悄然流失,工作熱情也跟著消退。

事實上,成就感是推動工作持續進展的重要燃料。當我們學會欣賞每一次努力帶來的成果,無論大小,都能激發出前行的動力。

成就感不僅僅是結果的喜悅,更是對努力付出的肯定。當這份肯定累積起來,我們自然能夠感受到內心深處的滿足與驅動力。

2. 找到努力的意義

當缺乏成就感時,工作的樂趣也會隨之減退,日復一日的重複感令人感到乏味。而當我們能夠不斷從成果中發現價

第六章　打造輕鬆高效的工作節奏

值，便能建立起持續的動力循環。

在感受不到成就感的狀態下，工作容易變得枯燥，目標模糊不清，完成任務後也難以感受到滿足。相對地，擁有動力來源的人則能清楚感受到努力的意義，即便任務繁瑣，也能找到值得投入的理由。

這樣的對比提醒我們，成就感並非工作完成後的附加品，而是驅動持續前進的重要力量。

3. 把握每一點微光，點燃前行的熱力

- 設定可達成的小目標：分階段完成任務，享受階段性成果。
- 記錄每次成功：將達成的每一件事寫下來，時時提醒自己成長的腳步。
- 分享成果喜悅：與同事或親友分享進展，增強自我肯定。
- 回顧成長過程：從完成的工作中，整理收穫與改進點。
- 慶祝每一項完成：不論任務大小，都給予自己正向的回饋。

六、讓成就感成為工作的動力

這些方法可以幫助我們在忙碌之中，持續維持動力，讓工作成為值得期待的旅程。

4. 讓滿足感照亮前路

建立正向的成就感循環，不是偶然為之，而是源自日常的用心體會。當我們能夠在每一次任務中捕捉成就感，並將這份滿足延伸到下一個挑戰時，動力就會不斷被補充。

成就感如同溫暖的陽光，為我們驅散工作的陰霾。當它成為工作流程的一部分，我們將能保持穩定的投入感，面對挑戰時也更加從容。

這種習慣能幫助我們在忙碌中找到平衡，讓每一天的工作都變得充實且有意義。

5. 成就感點燃專案熱情

怡萱是一位資深專案協調師，長期以來，她的工作重複性高，經常需要處理瑣碎而細緻的任務。時間一長，她開始感受到疲憊，甚至對工作失去熱情。

某次,她嘗試改變心態。她將專案拆解成幾個小階段,為每個階段設定具體成果指標。每當達成一個小目標,她就與團隊共同慶祝,並用簡單的方式記錄下來,例如在團隊白板上貼上「成就紀錄」。

這些看似簡單的動作,卻讓怡萱逐漸找回對工作的熱情。每一張便條紙,都是團隊努力的印記,也是她個人成長的見證。

最終,專案順利完成,怡萱與團隊一起分享成功的喜悅。她深刻體會到:當成就感成為工作的一部分,再繁重的任務也能帶來滿足與動力。

6. 轉化挑戰為燃料

成就感不僅是工作完成後的短暫喜悅,它還能驅動我們持續投入,迎接更多挑戰。

當我們從過去的成果中感受到自我價值,自然會期待下一次的突破。這種良性的循環,能夠持續點燃內在動力,使我們在面對困難時,不輕易退縮。

成就感為我們建立起心理上的支撐,讓每一次努力都化為邁向目標的堅實步伐。

7.點燃穩定推進力

挑戰與困難看似阻礙，實則是成就感的重要來源。當我們勇敢面對挑戰，並成功突破時，內心的滿足感會更為強烈。

面對艱難任務時，我們可以將其視為增強自我價值的機會。挑戰過程雖然艱辛，但正是這份努力，讓成果更加可貴。

透過這種轉化，我們能夠從挑戰中獲得強大的動力，使工作過程充滿正面能量。

讓成就感成為驅動力的來源，不僅能提升工作表現，也能讓我們在職場旅程中，擁有持續向前的力量與自信。

第六章　打造輕鬆高效的工作節奏

第七章
減法人生的幸福智慧

第七章　減法人生的幸福智慧

一、在簡單中發現富足感

1. 繁忙世界裡的一方寧靜角落

當城市的喧囂淹沒耳邊，當日程被填滿至無法喘息，我們總以為只有拚命向前才能抵達理想的彼岸。然而，越是追趕，我們越發現，內心的空缺似乎怎麼填補也填不滿。

生活的豐富，並不來自於無止境的累積，而在於懂得在簡單中尋找滿足。當我們學會在一杯清茶的香氣裡、在一場晨間散步的微風中感受片刻寧靜，就會驚覺：簡單，其實藏著意想不到的豐足。

生活不需要每分每秒都被填滿，適當留白，反而讓幸福有了棲身之地。

2. 掙脫過度追求的無形枷鎖

現代生活總讓人誤以為「越多越好」，於是我們不自覺地積攢無數物品、擁有過多目標，甚至累積過量的社交活

動。然而，當這些看似豐富的事物不斷疊加，我們卻感受到愈發沉重的壓力。

簡單生活的智慧，在於勇敢放下無用的負擔。剔除不必要的物質與過多的承諾，留下真正有意義的人事物，生活才能重新獲得輕盈感。

越是輕裝上陣，越能走得長遠。簡單，並非少了什麼，而是剛好擁有該有的。

3. 從簡化生活做起

- 清理生活空間：去除多餘物品，讓空間更清爽自在。
- 減少無效社交：珍惜真正能帶來溫暖的人際連結。
- 降低日程密度：合理安排時間，保留餘裕給自己。
- 尋找生活樂趣：專注當下的小確幸，感受日常美好。
- 重拾內心安靜：每天預留安靜時光，與自己對話。

這些方式不僅能讓生活變得更輕鬆，也能幫助我們重新找回對生活的熱愛。

第七章　減法人生的幸福智慧

4. 好好感受簡單生活

選擇簡單生活，並不代表放棄豐富，而是用另一種方式定義豐富。當我們不再被繁瑣占據心神，反而能看見平凡中的不凡。

簡單生活如同清晨的微風，不張揚，卻能吹散心頭的陰霾。它讓我們學會在靜謐中感受生命的流動，讓日子充滿溫暖的光澤。

每天從起床一杯白開水開始，慢慢品味簡單的好。生活本該如此自然，不需要華麗裝飾，也能散發迷人的魅力。

5. 從繁雜到簡單的生活轉變

祺琳是一位室內設計師，長期以來，她習慣於安排滿檔的日程，總認為忙碌等同於價值。她的辦公桌堆滿設計圖紙，手機裡的訊息通知幾乎不曾停歇。

然而，某天清晨，她偶然推開窗戶，看見陽光灑落在簡單排列的盆栽上，那一刻，她驚覺：生活原來可以如此純粹。

於是，她開始做出改變。她清理辦公桌，留下最必要的工具；每日只安排三件最重要的事，剩下的時間留給自我沉

澱；她甚至學會關閉不必要的通知，讓專注力回歸當下。

慢慢地，祺琳發現設計靈感反而更加流暢，工作與生活的壓力也隨之減輕。簡單，讓她重新拾回生活的輕盈與快樂。

這個改變讓她明白，減少不是損失，而是另一種收穫。

6. 滋養內在平和

當我們逐漸減少生活中的複雜與紛擾，心靈便有更多空間來呼吸。簡單生活不只是外在形式的調整，它更是一種滋養內在平和的途徑。

每日早晨的一刻安靜，或者睡前閱讀幾頁喜愛的書籍，這些看似平凡的小動作，卻能悄悄為內心注入安定力量。

當生活變得簡單，我們才有餘裕聆聽內心真正的聲音，找到屬於自己的節奏與方向。

7. 輕盈生活帶來的深層滿足

輕盈的生活方式，讓我們不再被生活壓得喘不過氣，而是輕巧地與日常共舞。

第七章　減法人生的幸福智慧

當我們懂得取捨，學會不必什麼都擁有，反而能在有限中品嚐無限。這種深層的滿足感，來自對生活本質的理解與珍惜。

簡單的日常，不需要外在堆砌的豐富感，就能帶來內心的充實與喜悅。

8. 愛上簡約哲學

當簡單生活內化為日常選擇，我們的日子將不再被忙碌填滿，而是由寧靜與豐足共同編織。

這樣的生活態度，能讓我們在複雜世界中自成一方天地，無論外界如何變化，心中依然保有一片平和。

讓簡約哲學點亮每天的步伐，不只是為了當下的輕盈感，更是為了未來長遠的幸福基石。當簡單成為一種習慣，我們會發現，原來生活最美好的風景，正是在日常的每一處靜謐角落。

二、剔除過多選擇的混亂

1. 當選擇變成負擔，生活便失去輕盈

現代社會裡，選擇似乎無所不在。從早餐要吃什麼、下班後參加哪場聚會，到購物時成千上萬的商品選項，這些選擇本應是自由的象徵，卻悄悄變成沉重的負擔。

當選擇過多時，我們的大腦就像處在擁擠的十字路口，不知該走哪一條路。結果是，焦慮、猶豫不決、甚至選擇疲勞隨之而來。

學會剔除多餘的選擇，是替自己生活減輕負擔的一種方式。當選擇變少，我們的心也能變得更加清明，重新找回輕盈的步調。

2. 簡化選擇，讓決策變得輕鬆自在

過多選擇讓人迷失，而簡化選擇則能帶來意想不到的自由感。當我們不用每天為無數選擇耗費心力，就能將注意力

集中在真正重要的事情上。

比如，固定的服裝風格，不僅省時，還能避免選擇焦慮。又或者設置每日固定的早晨儀式，讓生活的開始變得有序且輕鬆。

簡化選擇，不是限制自己，而是為生活建立明確的優先順序。當生活中不再被過多選擇淹沒，輕鬆自在的感受自然湧現。

3. 減少選擇困難的實用方法

- 建立固定模式：固定的生活習慣，減少每日重複決策的負擔。
- 精選日常用品：避免被過多選擇包圍，留下真正需要的物品。
- 訂立優先順序：確定哪些選擇對自己最重要，其他則簡化處理。
- 適當限制選項：為每次決策設定可接受範圍，避免無止境挑選。
- 練習果斷決策：培養迅速決定的能力，減少反覆思考帶來的疲憊。

透過這些方式，我們能有效降低選擇帶來的混亂，為生活騰出更多空間與精力。

4. 選擇自由的一體兩面

表面上看，選擇越多，意味著自由越大。但事實並非如此。當選項過多時，選擇就變成了一種無形壓力。

反之，當選擇變得有限，我們反而能更快速找到方向，減少猶豫與糾結。有限的選擇，不是被剝奪自由，而是讓我們更清楚自己的需求。

這樣的生活方式，讓人不再陷於選擇的迷霧，而是在明確的方向中，自在前行。

5. 擺脫選擇焦慮

庭慧是一位平面設計師，原本生活裡充滿選擇焦慮。每天早上她要花半小時思考穿搭，下班後為晚餐煩惱良久，週末更是被琳瑯滿目的活動邀約弄得焦頭爛額。

有一天，她開始意識到自己被選擇綁架了。於是她做出

第七章　減法人生的幸福智慧

改變：建立「週計畫表」，早早安排好一週內的衣物與餐點選擇，週末只挑選一到兩個真正有意義的活動參與。

這樣的簡化讓她驚訝地發現，自己的生活變得有條不紊，早晨更輕鬆，心情也更加愉悅。設計靈感比以往更豐富，因為腦海裡終於不再被雜亂的選擇填滿。

庭慧的轉變告訴我們，減少選擇並不等於生活變單調，反而讓生活變得更有層次與質感。

6. 選擇精簡，更有條理

簡化選擇，能讓我們的生活變得更有條理。當生活不再被繁雜選項困擾，我們的精力可以投入真正值得關注的事物上。

清晰感，來自於清楚知道什麼對我們而言最重要。當我們以這樣的原則來整理選擇，就能避免被瑣事影響、分心。

生活變得清晰，心情自然舒暢，我們對生活的熱愛也隨之回歸。

7. 回歸簡單的樂趣

繁複的選擇會讓人忽略生活中真正的樂趣。當我們專注於不斷比較與挑選,反而錯過了當下的美好。

走出繁複選擇的迷宮,讓生活回歸簡單。我們能更加專注於感受,而不是消耗時間在選擇本身。

簡單的選擇不代表生活單調無味,相反,它為我們打開了感受生活本質的大門。

8. 專注在當下的生活

當選擇不再混亂,我們的生活步調也會變得更加穩定。

將選擇精簡,並讓每一個選擇都貼近自己的價值觀,生活便會散發出清新而自然的氣息。

這樣的生活方式,讓人每天都能輕鬆面對挑戰,專注於真正重要的事物,並在清晰與自在中找到屬於自己的幸福感。

第七章　減法人生的幸福智慧

三、放大日常的喜悅感受

1. 在細微處尋找幸福的光亮

生活中，真正的幸福往往藏在最不起眼的角落。一縷陽光灑落窗前，一杯溫熱的清茶，或者是下班回家路上迎面的微風，這些細微瞬間，正是日常裡的幸福火花。

多數人總以為幸福是遙不可及的大事，比如職位升遷或財富累積。然而，若總是仰望遠方，我們便容易忽略腳下的風景。

學會放慢腳步，專注當下，讓自己用心感受身邊的微小幸福。這些微光，足以溫暖整個心靈世界。

2. 快步生活裡的幸福盲點

在這個講求效率的時代，我們習慣用最短時間完成最多事情。日子過得越快，內心越容易對幸福變得遲鈍。

快節奏讓我們只專注於目標，忽略了沿途的風景。當每

三、放大日常的喜悅感受

日只是被任務推著向前，幸福感便無法落地生根。

要擺脫這種盲點，唯有學會暫停。為自己留下一些空白時光，才能真正看見那些藏在生活細縫中的美好。

3. 捕捉下每個幸福片刻

- 保持晨間安靜時光：用片刻寧靜展開新的一天。
- 用心品味三餐：感受每一口食物的溫暖與滋味。
- 善待身邊的自然景色：即使是都市裡的一棵樹也值得駐足。
- 留心人際互動的溫暖：珍惜每一次善意微笑與問候。
- 用相片記錄當下：捕捉瞬間的美好，讓回憶更具體。

不同的生活態度，會帶來截然不同的感受。當我們忽略這些微小幸福時，往往被目標牽引著向前，壓力與焦慮悄然堆積。相反地，若能用心感受微光，我們的內心會因此變得柔軟，幸福感也自然滋長。

這種轉變，並不需要劇烈的改變生活方式。只需在日常裡，學會留心那些被忽略的細節，幸福便會悄然浮現。

第七章　減法人生的幸福智慧

4. 幸福的放大鏡

　　幸福不一定來自轟轟烈烈的大事，反而往往藏在微小的細節之中。當我們學會用心觀察生活細節時，就能發現幸福從未離開過我們。

　　早上陽光灑落的角度、微風吹過樹葉的聲音、或者朋友傳來的一句簡單問候，這些都能像發現幸福的放大鏡，將日常小事轉化為心靈的能量來源。

　　用心感受生活細節，幸福便會像光芒般，被我們一一捕捉。

5. 微光中的暖流，喚醒生活的感動

　　家瑜是一位自由接案者，長時間在家工作讓她逐漸失去了對生活細節的敏感。有一天早上，她無意間注意到窗外枝頭上的麻雀正啾啾鳴唱。

　　這微小的發現，竟讓她靜靜地坐下，端起一杯熱茶，凝視窗外良久。從那一天起，她開始每天早上花幾分鐘觀察窗外的世界。

　　她發現，陽光的變化、樹葉的顫動、甚至雲層的移動，

三、放大日常的喜悅感受

都能帶給她片刻的感動。漸漸地,她的生活不再只有工作與責任,而是多了一層溫柔的陪伴。

家瑜的故事告訴我們,幸福其實無所不在,只要我們願意停下腳步,仔細聆聽生活的聲音。

6. 滋養內在力量

當我們懂得感受日常中的微小幸福,內心便能建立起穩定而持久的正向能量。

這些微光時刻,如同涓涓細流,悄悄滋養著我們的心靈,讓我們在面對挑戰時,也能保有一份溫暖與從容。

幸福不需要等待,細小的感動能隨時為我們注入力量,讓日常變得更加明亮與生動。

7. 用小確幸編織溫暖日常

每天的心情,往往取決於我們如何看待生活。如果我們願意用心捕捉微小幸福,便能在平凡中找到不平凡的色彩。

這樣的正面視角,能夠讓我們即使在平淡日子裡,也能

第七章　減法人生的幸福智慧

感受到滿溢的幸福感。生活因此變得豐富多彩，充滿暖意。

幸福從來不遙遠，它就藏在我們每日的點點滴滴裡，只等我們去發現。

8. 讓幸福的微光成為生活的恆久風景

當微小幸福成為生活的一部分，我們不再需要依賴外在的大事件來尋找快樂。

這樣的幸福底色，讓我們即使面對生活的挑戰，也能保持內心的溫暖與光亮。微小幸福，點點滴滴，終將匯聚成為支撐我們前行的能量。

讓幸福像呼吸般自然，讓喜悅像陽光般灑落每一天的日常。當幸福變成習慣，生活便不再沉重，而是處處閃耀著溫暖的光輝。

四、停止追求過度的外在認可

1. 掙脫永無止盡的追逐圈套

在這個步伐飛快的時代裡,我們很容易陷入一場看不見終點的追逐。追求更高的職位、更大的房子、更多的社交認可,彷彿不這麼做就無法證明自己的存在價值。

然而,當我們不斷推動自己向前,卻從未真正思考「為什麼而奔跑」,最終只會發現,即使抵達了一個目標,下一個追求早已等在前方。

遠離這種永無止盡的追逐,並不意味著放棄進步,而是選擇在適當時候停下來,問問自己:這些追求,真的能帶來內心的滿足嗎?

2. 內心的富足為首要

外在的追求固然能帶來短暫的成就感,但這種滿足感往往稍縱即逝。得到一項成就後,很快便會感受到空虛,需要

第七章　減法人生的幸福智慧

更高的標準來填補心理落差。

相反，來自內心的滿足則不同。它源自對當下的珍惜，對自我價值的認可，並不依賴外部標準來評斷自己的價值。內心的平靜如恆星般穩定，雖不炫目，卻能在漫長夜晚中溫暖我們的心靈。這種安定感，能陪伴我們穿越生活的高峰與低谷，不受環境起伏所擾。

選擇專注於內心平靜，就等於選擇了長久而穩定的幸福來源。

當我們將目光從不斷追逐轉向內心，便能感受到由內而生的平靜。這份平靜，不會隨外在環境的變動而動搖，反而成為我們日常生活中最可靠的力量。

3. 避免過度追求

- 認清自我需求：搞清楚真正需要的是什麼，而不是人云亦云的標準。
- 建立實際目標：設定合理目標，避免無止境追求。
- 練習欣賞當下：學會珍惜已擁有的一切，不讓欲望蒙蔽雙眼。
- 減少無謂比較：專注自我提升，而非與他人比較。

◆ 定期自我反思：適時回顧追求的意義，調整方向。

這些方法幫助我們從過度追求中抽離出來，重新找回心靈的平衡與輕盈。

4. 重拾內心滿足的旅程

彥廷是一位創業者，初期他追求公司規模擴大、營收翻倍，每天忙碌於會議與業務之中。他以為成功就是不停向前衝刺，但隨著公司成長，他卻感受到前所未有的疲憊。

某一天深夜，他望著滿桌的文件，突然問自己：「這樣真的快樂嗎？」

從那刻起，他開始重新思考生活方式。他將部分業務授權給夥伴，重新安排工作時間，並撥出時間陪伴家人與朋友。

這些改變讓彥廷感受到久違的輕鬆。他不再被外在的成功標準綁架，而是從日常小事中感受到踏實的滿足。

彥廷的故事告訴我們：當我們放下過度追求，選擇專注當下，幸福與滿足便會悄悄回到我們身邊。

第七章　減法人生的幸福智慧

5. 長遠踏實的幸福

當我們將幸福感建立在內心滿足之上,它就不會隨外在環境變化而動搖。這份穩定的力量,能支撐我們走過生活的風風雨雨。

內心的滿足能帶來自信與安定,使我們在面對挑戰時保持冷靜。它不仰賴他人的認可,也不依賴外在條件,而是源自深刻理解自身價值的力量。

這樣的滿足感,能長久滋養我們的生活,成為心靈深處不熄的明燈。

6. 用簡單的選擇換取深層滿足

簡單的選擇,常常能帶來最深層的滿足感。當我們捨棄複雜的追求,生活反而變得更純粹、更接近本質。

減少不必要的消費、淡化浮華的社交活動、簡化日常安排,這些看似微小的改變,都能為我們帶來深層的喜悅。

選擇簡單,不僅是生活方式的改變,更是內心態度的轉變。它幫助我們看清生活的真正價值,並以更輕鬆的姿態擁抱每一天。

7. 讓內在滿足成為恆久力量

當內心滿足融入日常生活，我們不再需要外界不斷的肯定來維繫幸福感。

這份來自內在的溫暖，能在每一天陪伴著我們，無論日子是平淡還是精彩，都能感受到踏實的幸福。

讓內在滿足成為生活的一部分，讓每一天都不再因為外界的波動而失色。這份穩定與溫暖，將成為我們一生中最可靠的幸福來源。

8. 穩定生活的根基

人生旅程漫長，變數難料。面對未知，我們無法掌握所有外在環境，但能選擇保持內心的穩定。這樣的平靜，能在風雨來襲時，成為我們堅定前行的支撐。

內心的平靜猶如大地深處的泉水，看似隱藏，卻能長久滋養生命的根系。當未來的道路充滿變化，這份由簡單生活累積而來的沉著與穩定，將讓我們無懼風浪，自在迎接每一個新起點。

讓內心平靜成為生活的根基，不僅是一種自我修養，更

第七章　減法人生的幸福智慧

是我們留給未來的最好準備。當我們能夠安然面對每一個明天，幸福便早已悄悄地住進了我們的心裡。

五、珍惜真摯的情感連結

1. 在喧囂中尋找靜謐的人際溫度

在社交媒體快速更迭的時代，我們的朋友名單似乎越來越長，但心靈的孤獨感卻也隨之增長。擁擠的社交圈，未必帶來溫暖；反而，有時候越是熱鬧，心裡反而越空虛。

真正的溫暖連結，並不需要數量的堆疊。哪怕只是幾位真摯的朋友、一位能傾聽我們心聲的親人，或者偶爾主動問候的鄰居，都能為生活增添不可取代的溫度。

簡單的人際關係，就像冬日裡的一杯熱茶，雖不喧囂，卻能溫暖整個午後。

2. 走出浮華，收穫心靈的清新空氣

現代人常被「擴大人脈」的觀念牽引，結果是時間與精力被無止境地消耗在維繫關係的表面功夫上，卻忽略了與人深層連結的真正價值。

第七章　減法人生的幸福智慧

當我們把重點放在數量而非品質時，容易陷入社交疲勞。聚會變成例行公事，對話失去溫度，連問候都變得公式化。

走出這樣的迷霧，需要勇氣，也需要清晰的自我認知。選擇留下那些真正理解你的人，才能在喧囂過後，保有一份溫暖的寧靜。

3. 用真心挑選身邊的人

- 重視共鳴感：選擇能共享價值觀的人作為深交對象。
- 珍惜自然互動：保持輕鬆真誠的交流方式，不必強求聯絡頻率。
- 定期整理社交圈：判斷哪些關係帶來正向感受，哪些帶來壓力。
- 用心經營深層對話：超越表面寒暄，深入了解彼此生活與想法。
- 給予而非只求索取：在人際互動中付出真誠關懷，收穫同樣的溫暖。

透過這些方式，我們能從複雜的人際關係中走出，找到那幾份難能可貴的真摯情誼。

4. 精簡社交，關係需要用心經營

當社交圈被適當精簡後，我們會驚喜地發現，生活變得更加從容不迫。

不再被無止境的聚會邀請綁架，也不需要為了維持表面的熱絡而費心斟酌每一則訊息的回應。這樣的生活空間，讓我們能更專注於真正重要的連結。

簡化不是疏離，而是更用心經營的開始。留更多時間與心力給值得的人，收穫的將是真誠而深刻的陪伴。

5. 從表面熱絡到深交溫暖

若琳是一位餐飲品牌行銷經理，起初她將社交視為工作與生活的重要部分，每週參加多場活動，維持著龐大的社交圈。

然而，隨著時間推移，她發現自己在眾多交往中逐漸疲憊，許多互動流於表面，少有深入的交流。

她開始主動調整步伐。她將時間留給真正了解她的人，與家人共度晚餐，與幾位深交朋友分享生活點滴。即使社交活動減少，她卻感受到前所未有的輕鬆自在。

第七章　減法人生的幸福智慧

若琳的改變讓她重新體認到：簡單的人際連結，能帶來更加溫暖踏實的生活。

6. 真誠的關係，是心靈靠岸

當我們擁有幾段深刻而真誠的關係時，這些溫暖連結便成為支撐我們走過風雨的重要力量。

即便外在世界風起雲湧，知曉有人始終在身旁關心著自己，便能讓我們在低潮時保持堅定，在迷失時找到方向。

這份穩定感，並非來自眾多朋友的表面熱絡，而是來自幾位真心人帶來的默默守護。

7. 真心難能可貴

不需華麗的言語，也不必頻繁地聯絡，只要用心經營日常的互動，情感便能自然流淌。

一次真誠的問候、一場深入的對話、一次無條件的支持，這些小小的舉動，都是溫暖人際關係的火苗。

五、珍惜真摯的情感連結

當我們用真心照亮他人的生活,彼此之間的連結也會更加深厚而溫暖。

8. 陪伴如陽光般恆久

當我們擁有幾段真摯的連結,這些關係就如同生活中的恆久陽光,無論時光如何變遷,都能溫暖我們的心靈。

這樣的連結不僅帶來陪伴與支持,也讓我們對生活有了更深層的理解與體會。

珍惜那些能共度時光、共享心事的人,讓他們成為我們簡單生活中的重要風景。如此,生活便不再孤單,而是被一份份溫暖的光芒圍繞著。

第七章　減法人生的幸福智慧

六、養成專注沉穩的自我

1. 擺脫資訊干擾，讓心靈恢復寧靜

在這個手機不離身的時代，每天我們都被無數提醒與通知包圍。即使是簡單的一頓早餐，也可能被訊息打斷好幾次。這些干擾像波浪般，一次次拍打著我們的心岸，讓內心難以平靜。

當我們選擇讓生活回歸簡單，等於為自己築起一道溫柔的屏障。遠離不必要的干擾，我們才能真正聽見內心的聲音。

簡單生活，正是幫助我們收拾雜亂思緒的良方。當生活不再被過多事物牽絆，心靈也能像清澈的湖水，恢復原有的澄明與平靜。

2. 專注力，是需要培養的

許多人誤以為專注力來自訓練，卻忽略了，環境的簡單也是滋養專注的土壤。

六、養成專注沉穩的自我

　　當我們擺脫了多餘的選擇與干擾，注意力自然能夠集中在眼前的事物上。不再需要頻繁切換注意力，我們的思緒就能沉澱下來，像清晨的露珠般純淨。

　　專注力，不僅讓我們提升效率，還能讓我們在日常生活中感受更深層的滿足感。當心不再飄忽，生活的每一刻都變得飽滿而有質感。

3. 五個步驟，立刻靜下心神

- 清理視覺雜亂：整理生活環境，讓視線所及之處保持簡潔。
- 固定專注時段：每天安排專屬的深度專注時間。
- 減少多重任務：專注做好一件事，減少同時處理多件事的情況。
- 降低數位干擾：設置通知管理，保持思緒清晰。
- 練習深呼吸：透過緩慢呼吸，幫助心情沉澱，集中注意力。

　　這些步驟，能在日常中潛移默化地培養專注力。當我們養成這樣的習慣，生活會變得更有節奏感，內心也更加安定。

第七章　減法人生的幸福智慧

4. 內心沉穩，來自生活的鍛造

內心的沉穩不是與生俱來，而是經過一次次生活選擇鍛造而成。每一次放下過多的物欲與虛榮，每一次專注當下的簡單時刻，都在不知不覺中累積出內心的從容，我們就能把更多心力留給真正重要的事情。

這種沉穩，不僅讓我們面對挑戰時更加冷靜，也讓我們的生活步調更加從容優雅。

5. 創造力的綻放

育瑄是一位手作陶藝師，起初，她的工作室裡堆滿各式各樣的素材與工具。她總覺得多準備一些，才能有更多靈感。

然而，她發現面對過多選擇時，反而常常感到困惑，創作過程也變得焦慮不安。

後來，育瑄嘗試改變策略。她只保留最基本的工具與幾種素材，讓工作空間保持乾淨簡單。

結果，她驚喜地發現，創作變得更加流暢。因為選擇變少，她的心思反而更集中，對於每一筆雕刻與上釉的感受更

加敏銳，創造力也隨之提升。

育瑄的經驗告訴我們：當生活回歸簡單，心靈的空間變大，創意與專注便能自在流動。

6. 為生活注入深層力量

專注力就像生活裡的一條堅實脈絡，當它貫穿我們的日常，整個生活狀態便能穩定流暢。

專注讓我們更清楚知道當下的行動意義，減少猶豫與拖延，增強對目標的投入感。這種深層力量，不只是完成任務的工具，更是內心安全感的重要來源。

當我們投入專注於手邊的工作或興趣時，內心會生出一種滿足感，這種感受能夠長久地支撐我們走過生活的每一段旅程。

7. 沉穩心態下的從容行動

沉穩並不等同於緩慢，它意味著在行動中保持冷靜與清晰。

當生活因簡單而不再浮躁,我們可以用更從容的心態面對挑戰。不再被短暫情緒牽動,不再因外界干擾而迷失方向。

這份沉穩,讓我們無論面對工作上的壓力還是生活中的困難,都能保持穩定的步伐,走出屬於自己的節奏。

8. 專注與沉穩,大幅提升效率

專注與沉穩,就像兩股交織的力量,支撐著我們的簡單生活。專注讓我們把握當下,沉穩讓我們走得更遠。

當這兩種力量融入日常,我們不僅能有效率地處理事務,也能在內心深處保持平和。

讓專注與沉穩成為習慣,生活就不再被外界喧囂所干擾,而是由內而外,散發出穩定而深遠的力量。這樣的日子,不僅輕盈,更充滿了持久的幸福感。

第八章
由內而外散發光芒

第八章　由內而外散發光芒

一、重視自己，珍視自己

1. 在迷失中重新尋回自我

在追求成就的過程中，我們經常被外在的評價所左右，慢慢地忽略了對自己的重視。為了達到他人的期望，我們努力讓自己變得更好，卻在過程中遺失了自我。

有時，我們把目光投向他人的肯定，把快樂寄託在掌聲與讚賞裡。然而，當掌聲散去，當讚賞不再，我們是否還能感受到自己的價值？

重視自己，是在安靜的時刻，聽見內心低語的聲音。是即使在無人看見的努力裡，也能為自己感到驕傲。當我們學會在眾聲喧嘩中找到自己的立場，便能重新找回那份被忽略已久的自我重量。

2. 為自我價值建立堅實基礎

自我價值感並非與生俱來,而是需要在生活中持續耕耘的花園。它來自每一次選擇自己的勇氣,每一次肯定自己的決心。

很多時候,我們把目光投向外界的標準,以為達到別人的期待就是成功。事實上,真正的成功是對自己選擇的認同與自豪。

要建立堅實的自我價值基礎,我們必須學會欣賞自己的獨特。即使這份獨特與他人不同,即使它顯得不起眼,都不應被輕視。正是這些看似微小的特質,構成了我們不可取代的部分。

當我們能夠從內心深處認可自己的價值,就算外界的肯定來得緩慢,內心的自信仍能支持我們穩步向前。

3. 培養自我重視感

- ◆ 正視自身優點:寫下自身優勢,累積自信基礎。
- ◆ 設立小而確實的目標:將大目標拆解成小步驟,享受每一次成就。

第八章　由內而外散發光芒

- 保持自我對話：給自己靜下來的時間，傾聽內心真正的聲音。
- 尊重個人需求：照顧身心狀態，適時休息與調整節奏。
- 拒絕過度自我否定：對自己保持溫柔與耐心，允許不完美的存在。

這些方法看似簡單，但在日常中持續實踐，能慢慢在內心築起一道堅固的城牆，保護我們的自尊與價值感。

4. 自我重視如何帶來內心力量？

重視自己，會讓我們在面對外界波動時，仍能保持穩定的步伐。這份力量並非來自於強迫自己堅強，而是源自內心深處對自我的信任與接納。

當我們認可自己的價值，就不再需要外界的標籤來界定自身的存在。這份內在力量，使我們在挑戰面前不輕易退縮，在成功時也不失本心。

內心強大的人，不是沒有恐懼或疑慮，而是在困難面前，仍能給予自己一個肯定的微笑。這樣的力量，讓我們走得更遠，也走得更穩。

5. 從自我否定到自我肯定的蛻變

盈蓁曾是一位總是把他人需求擺在首位的人。無論是職場任務還是家庭責任，她總是默默承擔所有壓力，卻忽略了自己的聲音。

長期的忽略讓她陷入深深的疲憊與困惑。她開始懷疑自己的價值，甚至質疑自己是否值得被愛與被肯定。

某天，她參加了一場心理學講座，講師的一句話如同雷鳴般喚醒了她的內心：「連自己都不珍視自己，又怎能期待他人珍惜你？」

這句話讓盈蓁決心開始改變。她學會安排自己的時間，不再將所有精力都投注於他人的期待上。她開始欣賞自己的努力，為小小的成就喝采，並且給予自己更多的空間與寬容。

逐漸地，盈蓁感受到一種前所未有的踏實感。即使外界的評價仍有起伏，她的內心卻變得越來越堅定。她懂得了：真正的肯定，來自於內心深處對自己的珍視與接納。

第八章　由內而外散發光芒

6. 散發自信，自帶氣場

當我們重視自己，自然會吸引同樣重視我們的人。這並非神奇的巧合，而是因為自我價值感強烈的人，會在互動中散發出一種穩定而吸引人的氣場。

這樣的氣場，讓我們不再為了討好他人而失去自我，也不輕易被他人的評價所左右。我們能以更健康的方式建立人際關係，保持邊界，同時維持真誠的互動。

真正的友誼與愛情，都是建立在彼此尊重與欣賞之上。而當我們學會珍視自己，也就等於為這樣的關係鋪好了基石。

7. 學習自我珍視

自我重視不是偶然的閃現，而是日常點滴累積而成的成果。

- ◆ 開始欣賞日常成就：無論多小的成功，都值得肯定自己。
- ◆ 為自己慶祝每一次努力：給自己一些獎勵，哪怕只是片刻的休息或喜愛的小物。

- 練習自我對話：遇到困難時，溫柔地對自己說話，給予支持。
- 留下肯定的痕跡：寫下每日三件值得感恩或自豪的事情。

透過這些簡單又具體的行動，我們能在生活中不斷滋養自我重視感，讓這份力量逐漸內化成為生命的一部分。

8. 為自己建造心靈燈塔

當自我重視成為習慣，它將如同晨曦中的陽光，溫暖卻不刺眼，穩定卻不張揚。

這份光芒不依賴外界照耀，而是由內而生，隨時準備照亮我們的前路。無論環境多麼多變，這道光始終存在，為我們指引方向。

珍視自己，是對生命的尊重，也是對未來的承諾。當我們學會珍惜自我，無論面對多少風雨挑戰，心中的光亮都不會熄滅，成為我們生命中最堅定的依靠。

第八章 由內而外散發光芒

二、堅持內在原則，守護自我界線

1. 找回安定，拒絕隨波逐流

在紛繁複雜的世界裡，每天都有無數的聲音告訴我們該往哪裡去。別人的期待、社會的標準，甚至無形的壓力，都悄悄左右著我們的方向。

如果我們沒有堅定的內在原則，就容易被外界的潮流牽引著走，最後迷失了真正的自我。

學會找回內心的導航，是守護自我的第一步。當我們清楚知道自己重視的是什麼，真正需要的是什麼，就不會輕易被外界的誘惑或壓力所左右。

2. 劃下心理界線，守護自我空間

面對過多的請求與期待，我們往往因不懂得設立界線而疲於奔命。害怕拒絕、害怕讓人失望，使我們不停妥協，卻

逐漸失去了內在的平衡。

　　學會劃下明確的心理界線，並不是冷漠或疏離，而是一種對自我的尊重與保護。當我們能勇敢說「不」，便能保留空間給自己真正重要的事物。

　　守住界線，不僅是對外界的篩選，更是對自我價值的肯定。這樣的選擇，能讓我們的生活更加簡潔而有力，心靈也能擁有呼吸的自由。

3. 建立堅定的內在原則

- 確立自我價值觀：清楚知道什麼對自己最重要，成為行動準則。
- 設立界線並堅持：對於不符合原則的事，勇敢地說「不」。
- 練習冷靜面對壓力：外在壓力來臨時，先穩定心緒再做選擇。
- 培養獨立思考：不輕易接受他人觀點，先經過自我判斷。
- 傾聽內心聲音：確認自己是否遵循內心的指引。

第八章　由內而外散發光芒

這些方法能幫助我們在複雜環境中保持清醒,不被外界聲音淹沒,守住自我原則的底線。

4. 原則與彈性之間的平衡藝術

堅持原則,不代表僵化不變。我們需要的是有彈性的堅持:知道何時堅守,何時調整。

當原則成為我們的核心指引時,即使面對不同情境,我們仍能保持靈活應對,而不迷失本心。

這種平衡,就像帆船掌握風向一樣,既不固執地逆風而行,也不隨風搖擺。保持靈活彈性,同時堅定內在原則,才能讓我們在變動中穩健前行。

5. 活出自我步調

佳欣是一位自由插畫設計師。剛開始接案時,她總是害怕得罪客戶,面對不合理的要求也不敢拒絕。漸漸地,她感到極大的壓力,創作熱情被耗盡,甚至開始懷疑自己的能力。

二、堅持內在原則，守護自我界線

一次接案經歷中，客戶臨時大幅修改需求，要求在極短時間內交稿。過去的佳欣可能會硬著頭皮接下，但這一次，她選擇坦然說明：「我非常重視作品品質，這樣的時程無法保證最好的成果。」

出乎意料的是，客戶不僅理解她的立場，還願意配合調整時間表。這次經歷讓佳欣深刻體會到：堅守內在原則與界線，反而贏得更多尊重與信任。

從此，她不再一味妥協，而是學會在合作中表達自己的專業與底線。佳欣的故事告訴我們，勇敢守住自我界線，才能真正活出屬於自己的步調。

6. 讓自我價值清楚可見

當我們清楚劃定心理界線，不再輕易讓他人越界侵犯，我們的自我價值感也會隨之更加明朗。

這份堅定，讓我們在面對不同選擇時能夠快速判斷：這是否符合我的價值觀？是否值得我投入時間與心力？

守住界線，能讓我們在人際互動中保持明確的自我定位，不因外界期待而失焦。如此，我們才能在人生旅途中，始終朝著真正屬於自己的方向邁進。

第八章　由內而外散發光芒

7. 在變動中穩固內心防線

生活充滿變化,有時外在環境劇烈波動,我們的內心防線也容易動搖。

學會在變動中穩固內心防線,是守護自我的關鍵。這需要我們不斷回望內心的原則與界線,提醒自己:無論外界如何喧囂,我依然忠於內心的選擇。

當我們能夠在風暴中保持這份內在穩定,就能抵禦來自四面八方的壓力,持續向著自己的目標前進。

8. 讓原則與界線成為人生的護城河

原則與界線,就像一座座護城河,守護著我們心靈的城堡。

這些護城河,讓我們不輕易被外界侵擾,也讓我們在面對選擇與挑戰時擁有更大的自由與底氣。

三、轉化孤獨為獨立的力量

1. 孤獨不是缺陷，而是自我沉澱的機會

在這個連結緊密的時代，孤獨常被視為一種失敗的象徵。當社群裡的熱絡動態接連出現，當身邊的人群喧囂不已，我們偶爾感受到的孤獨，便顯得格外刺眼。

然而，孤獨並不意味著失敗或被遺棄。它是與自己對話的寶貴時刻，是我們能夠安靜審視內心世界的珍貴機會。

當我們學會擁抱孤獨，就能從中提煉出獨立的力量。這份力量，會讓我們在外界紛擾之中保持自我清明，不再輕易被他人聲音左右。

2. 從孤獨走向獨立的轉折點

孤獨感之所以令人難受，是因為我們習慣將注意力投射到外界，期待從他人的回應中獲得肯定。然而，真正的轉折點在於：當我們把視線從外界轉回內心，孤獨便開始蛻變為獨立。

第八章　由內而外散發光芒

　　獨立，不是拒絕連結，而是即使獨處時，也能感受到完整的自我價值。當我們從孤獨感中抽離出依賴他人的需求，轉而關注自我的成長與感受，就能真正邁向內在的獨立。

　　這是一場由內而外的蛻變，讓我們即使身處孤單之境，也能擁有堅韌不拔的力量。

3. 孤獨並非壞事

- 擁抱安靜的時刻：將孤獨時光視為自我照顧的機會。
- 發展獨處時的興趣：培養能讓自己快樂的愛好。
- 自我對話：用寫作或思考方式探索內心感受。
- 運用身體活動釋放情緒：如散步、瑜伽、慢跑。
- 建立自我支持系統：即使孤獨時，也能用自我鼓勵與內在力量支撐自己。

　　這些方法能幫助我們從孤獨中汲取營養，讓孤獨不再是情緒上的負擔，而是成長的養分。

4. 孤獨與獨立的深層差異

我們透過一張表格,來理解兩者的不同:

面向	孤獨	獨立
情緒感受	多伴隨空虛、孤單感	內心穩定,自給自足
對外界依賴	高度依賴他人認可	自我滿足,減少外求
行動動機	期待被關注或接納	自主選擇,遵循內心指引
面對挑戰	容易因缺乏支持而退縮	能靠自我力量前行
長期影響	情緒波動較大,易感失落	心靈穩定,內心富足

透過理解這些差異,我們能更清楚地看見,孤獨並不等於獨立。學會正視孤獨,才能真正邁向內在的獨立與自信。

5. 在孤獨中找到自我

俊傑是一位創業初期的設計師,剛離開公司獨立工作時,他深感孤獨。沒有同事的互動,沒有即時回饋,每天的工作彷彿只剩下自己。

第八章　由內而外散發光芒

　　一開始,他感到不安與焦慮,懷疑自己的選擇是否正確。然而,隨著時間推移,他開始重新安排生活節奏,早上練習冥想,中午閱讀專業書籍,傍晚進行簡單運動。

　　慢慢地,他發現這份孤獨變成了創作的溫床。他能更深入地聆聽內心的聲音,作品也更貼近自己的風格與理念。

　　俊傑的轉變讓他明白,孤獨不是對自我價值的否定,而是重新理解自我、強化內在力量的重要契機。

6. 獨立讓生活更加從容自在

　　當我們從孤獨中提煉出獨立的力量,生活便不再被他人的期待所左右。

　　這份從容,讓我們能夠自信地做出選擇,不因他人的評價而動搖。即便有人不理解我們的決定,我們也能心平氣和地堅持自我。

　　獨立,讓我們有勇氣走自己的路,無需過多依賴外在支持。這份自主,將成為我們生活中最堅實的支柱。

7. 在自我陪伴中感受深層力量

自我陪伴，是在獨處時給予自己情感支持與理解的一種能力。

當我們學會自我陪伴，不再把快樂與滿足寄託於他人，我們的內心便會產生穩定而深層的力量。

這樣的力量，能夠在低潮時支撐我們，在困難面前激勵我們，讓我們即使身處孤單，也能感受到溫暖與力量。

8. 獨立，更有面對困難的勇氣

獨立，並非一時的選擇，而是長久生活的基礎。當我們讓獨立成為日常習慣，它將像根深蒂固的大樹，穩穩地扎根於內心深處。

這份力量，使我們在面對生活風雨時依然堅定，也讓我們在成就人生目標時更加踏實。

讓獨立成為恆久的力量，我們不再懼怕孤單，也不再因外界波動而迷失方向。因為內心早已強大，早已準備好擁抱屬於我們自己的未來。

第八章　由內而外散發光芒

四、保有內在的尊嚴

1. 在風雨中守護內心的高地

生活中，我們無法避免遇到質疑、否定甚至攻擊。來自他人的誤解、環境的壓力，常常悄悄侵蝕我們的內心堡壘。

尊嚴，正是我們在這些風雨交加中最重要的防線。它不僅是面對外界時的堅定態度，也是我們與自己相處時，內心最深處的堅守。

即使環境混亂，我們依然可以選擇在心中築起高地。讓尊嚴如山，靜靜矗立在風雨之中，成為我們面對一切挑戰時最可靠的支柱。

2. 日常中的細節，鑄就內在尊嚴

尊嚴從來不只是面對重大抉擇時的莊重選擇，它藏在我們每日生活的細節之中。

當我們遵守對自己的承諾，即使沒有人看見，也默默完

四、保有內在的尊嚴

成每日的計畫，這就是對自我尊嚴的堅守。

在面對輕視或誤解時，我們不急於反擊，而是用冷靜與理性回應，也是對內在尊嚴的最好詮釋。

正是這些看似不起眼的小動作，日復一日，鑄就出一座堅不可摧的尊嚴之塔。

3. 維持尊嚴，善待自己

- 保持自我約定：即使旁人無法看見，自己對自己的承諾也要守護。
- 面對批評從容應對：不讓情緒凌駕於判斷之上，保留理性。
- 以事實為依據，拒絕無端指責：不輕易背負他人投射的錯誤期待。
- 守住自我底線：確保日常選擇始終與內在價值觀一致。

這些方法看似簡單，卻是在複雜環境中維持尊嚴的重要工具。當我們不再為外界輕易動搖時，尊嚴便自然滲透進我們的每一個選擇中。

第八章　由內而外散發光芒

4. 當壓力來襲，尊嚴是心靈的定錨

面對外在壓力時，我們常常感到疲憊不堪。然而，尊嚴能夠成為心靈的定錨，穩定我們的內在世界。

壓力或許會改變環境的模樣，但只要我們內心堅守自尊，即使浪潮再大，也動搖不了我們的內在根基。

當我們選擇尊嚴作為定錨，便不再懼怕外界的風暴。無論遭遇多大的挑戰，我們都能穩穩立足，不隨波逐流。

5. 在困境中挺起尊嚴的脊梁

怡君是一位中學音樂老師。某學期，由於家長對學校音樂課程安排不滿，開始對她提出質疑，甚至指責她教學方式過於傳統，缺乏創新。

面對質疑，怡君沒有急於反駁。她選擇冷靜地整理教學計畫與學生作品，準備在家長會上坦然分享她的教學理念。

家長會當天，她清楚地說明每一階段課程設計的用意，以及學生在學習過程中的成長變化。她的冷靜與堅定，贏得了家長們的理解與尊重。

四、保有內在的尊嚴

　　這次經歷讓怡君深刻體會到：當我們用尊嚴面對質疑，保持堅持與從容，不僅能守護自我，也能獲得外界的認可。

6. 尊嚴讓我們在逆境中抬頭前行

　　生活裡的逆境，往往是考驗我們尊嚴的時刻。當困難降臨，選擇低頭妥協很容易，但真正有力量的是，即使困境再艱難，我們依然抬頭前行。

　　尊嚴讓我們不被環境壓垮，即使跌倒也能挺起腰桿，帶著堅定的信念繼續前行。

　　在逆境中堅守尊嚴，不是自我安慰，而是一種內心強大的表現。這份堅持，會在經歷風霜後，讓我們成為更加成熟與堅韌的人。

7. 尊嚴與自我價值的深層連結

　　尊嚴與自我價值密不可分。當我們珍視自我，了解自己的價值時，便自然會選擇以尊嚴的姿態面對世界。

　　相反，當我們貶低自己時，往往會輕易放棄原則，迎合

第八章　由內而外散發光芒

他人的期待,最終失去自我。

理解這層關係,是維持尊嚴的關鍵。我們必須不斷提醒自己:我值得被尊重,也值得堅持我的信念與選擇。

這份自我價值的認知,是尊嚴最深層的根基。

8. 對自我價值的最高肯定

當尊嚴內化成為生活習慣,它便成為一種恆久的力量,時時刻刻滋養著我們的生命。

這份力量,讓我們在順境中保持謙遜,在逆境中堅定不移。無論生活如何起伏,我們始終能夠以尊嚴為燈塔,指引自己前行。

尊嚴是不可缺失的一塊,不僅僅是面對世界的姿態,更是對自我價值的最高肯定。

當我們做到這一點,就能在人生的每一段旅程中,活出最真實、最有力量的自己。

五、培養內在的溫柔力量

1. 放下自我苛責，留一片寬容之地

在追求成就與努力進步的道路上，我們時常對自己要求過高。小小的錯誤便自責不已，稍微的疲憊便苛責自己的懈怠。

然而，我們是否曾想過，過度的苛責只會讓心靈承受更多壓力，讓內在變得脆弱？

善待自己，首先要從放下自我苛責開始。學會在錯誤中寬容對待自己，在疲憊中允許自己休息。為內心留下一片寬容之地，讓生活的節奏變得更加柔和，也讓心靈有喘息的空間。

當我們願意用溫柔的目光看待自己的不足，成長便悄悄發芽，生命也因此更顯厚度。

2. 學習自我理解，擁抱情緒的多樣性

情緒是我們生活中最真實的部分，然而，許多人卻習慣性壓抑、否認甚至排斥自己的情緒波動。

第八章　由內而外散發光芒

悲傷時告訴自己不應該,疲倦時強迫自己繼續前行,這樣的壓抑只會讓內心逐漸枯萎。

善待自己,就意味著學會理解內心的聲音,接納情緒的多樣性。歡喜時盡情享受,低落時允許自己停下來整理心情。

當我們學會擁抱情緒,不再抗拒或逃避,心靈會因此變得更加柔韌。我們不再被情緒操控,反而能與它們和平共處,讓內心更加穩定與豐盈。

3. 讓溫柔滲透每一寸時光

善待自己不應只是偶爾的慰藉,而應成為生活的一部分。讓溫柔的態度滲透進日常,讓它成為我們照顧自己的習慣。

- ◆ 清晨為自己泡一杯熱茶:用溫暖的起點開始新的一天。
- ◆ 每日給自己一段安靜時光:聆聽內心的聲音,察覺自己的感受。
- ◆ 用欣賞的眼光看待鏡中的自己:不挑剔,不責備,溫柔以待。

◆ 在疲憊時，允許自己適度休息：幫身體與心靈補充能量。
◆ 每完成一件小事，給自己正面肯定：累積正向力量。

這些溫柔的小舉動，看似微不足道，卻能悄悄滋養我們的心靈。當溫柔成為生活的習慣，我們便能在日復一日的累積中，培養出深厚的內在力量。

4. 永遠不忘對自己溫柔

生活不可能一帆風順，逆境與挫折在所難免。面對困難時，我們容易忽略自我照顧，甚至對自己變得更加苛刻。

然而，正是在這些時刻，我們更需要給予自己溫柔的對待。當外界環境變得冷酷，讓內心成為溫暖的避風港。

告訴自己：「沒關係，你已經很努力了。」這樣簡單的一句話，便能為疲憊的心注入一絲安慰。

善待自己，讓我們在逆境中保持堅定，也能在風雨過後重新振作，迎接下一段旅程。

第八章　由內而外散發光芒

5. 在自我溫柔中重獲新生

珮甄是一位新創公司的創辦人,創業初期,她投入大量時間與精力,幾乎忘記了生活的存在。

日復一日的高壓工作,讓她身心俱疲。她開始失眠、焦慮,甚至懷疑自己的能力。

某一天清晨,珮甄在鏡中看到疲憊不堪的自己,突然意識到,若連自己都不願意善待自己,這樣的成功有何意義?

她開始調整步伐,每天安排運動與閱讀的時間,工作再忙也不忘留片刻靜心。她學會在失敗時對自己說:「這是成長的養分。」在成功時則溫柔地提醒自己:「妳值得擁有這一切。」

慢慢地,她發現自己的狀態明顯改善,創意與熱情重新點燃,團隊氛圍也隨之變得積極向上。

珮甄的故事告訴我們,當我們學會溫柔對待自己,內在的能量便能重新被喚醒,讓我們以更穩健的姿態迎接未來。

6. 化解內心對立

人們內心常存在兩種聲音:一種嚴厲批判自己,一種溫柔擁抱自己。

五、培養內在的溫柔力量

當我們選擇讓溫柔的聲音更為強大，就能化解內心的對立與衝突。

- 當犯錯時，溫柔地告訴自己：「你已經做得很好了，下一次會更好。」
- 當感到疲憊時，提醒自己：「休息是為了走更長遠的路。」
- 當遭遇批評時，溫和地安慰自己：「這不代表你的全部價值。」

這樣的對話，能讓我們不再與自己為敵，而是成為最理解自己的人。當內心的對立被溫柔化解，生活便會變得更輕盈，步伐也更加穩健。

7. 厚植內在溫柔

生活裡的溫柔，不只是大事件中的片刻溫暖，更藏在每日細碎的光亮裡。

- 一束晨光灑落窗邊，提醒我們新的一天開始。
- 一句自我鼓勵的話語，在疲憊時帶來振奮。
- 一次靜靜的呼吸練習，讓心靈重新歸於平靜。

第八章　由內而外散發光芒

這些日常柔光，就像潤物無聲的春雨，默默滋養著我們的心田。當我們學會在生活中發現這些微光，內心便能常保溫暖與柔軟。

這樣的力量，能支撐我們走過坎坷，也能讓我們在平凡日子裡，感受到不平凡的溫暖。

8. 以溫柔打磨堅韌的靈魂

溫柔，從來不只是對他人的態度，更是對自己的溫暖守護。

當我們讓溫柔成為生命的習慣，它便不再是偶爾的溫情，而是恆久的光源，照亮我們前行的路。

這份光芒，使我們在順境時不迷失方向，在逆境時不失去信心。無論外界環境如何變化，內在的溫柔力量都能成為我們最可靠的依靠。

善待自己，便是點亮這盞生命之光。讓這份溫柔陪伴我們，走過人生每一段旅程，迎接屬於自己的光輝未來。

六、接受不完美的自己

1. 欣賞過程，擁抱一切變化

我們習慣追求結果，把成功當作終點，把達標當作人生的證明。然而，人生真的有「完成」的那一天嗎？

事實上，生命本身就是一場永無止境的流動。今天的成就，明天仍有新的挑戰；昨日的遺憾，也許正是明日成長的養分。

當我們學會欣賞這個過程，就能擁抱自己的不完美，不再因未達到理想狀態而否定自己。

「未完成」不是缺陷，而是持續成長的證明。它讓我們保有探索世界的好奇心，也讓我們在每一段旅程中都能收穫不同的風景。

第八章　由內而外散發光芒

2. 在變動中看見自我成長的輪廓

生活中，變化無處不在。工作環境變了，人際關係變了，甚至連我們的興趣與夢想都在悄悄轉變。

面對這些變化，我們常感到迷惘，甚至害怕失去原有的自我定位。然而，正是在這些變動中，我們才能真正看清自己的成長輪廓。

每一次選擇、每一次調整，都是我們與世界互動的痕跡。這些痕跡，構成了我們不斷變化、豐富而立體的自我。

學會欣賞這些變動帶來的自我重塑，我們便能在流動中保持從容，在變化中找到自己的節奏。

3. 學會與不確定共舞

面對不確定的未來，我們不需要恐懼，而應學會與它共舞。以下是五種方法，幫助我們更自在地擁抱未知：

- ◆ 保持彈性思考：接受計畫趕不上變化的事實，學會調整方向。
- ◆ 培養好奇心：把未知視為探索新可能的機會。

六、接受不完美的自己

- 練習當下專注：專注於當下的行動，減少對未來的焦慮。
- 接納失敗的價值：視失敗為成長的一部分，而非終點。
- 擁有成長心態：相信每一段經歷都能讓我們更加成熟。

這些方法能幫助我們在不確定的環境中保持開放態度，讓人生旅程多一些從容，少一些焦慮。

4. 流動的人生，拓展更寬廣的可能性

當我們接受人生是流動的，就會發現自己的世界變得寬廣起來。

不再執著於唯一答案，我們能勇敢探索多條道路。不再害怕改變，我們能隨時調整方向，迎向新的可能性。

這樣的人生，充滿驚喜與新鮮感。每一段路途，都成為我們豐富經歷的累積。每一次選擇，也都在無形中塑造著更完整的自己。

流動，讓人生充滿無限可能，也讓我們在每個階段都能活得更加自由與開闊。

第八章　由內而外散發光芒

5. 放下完美執著，活出自由步伐

語珊是一位插畫家，起初，她對自己的作品要求近乎苛刻。每一個細節都要完美無瑕，每一次發表都要經過無數次修改。

這種追求完美的態度，起初讓她的作品精緻細膩，但隨著時間推移，她開始感到疲憊。創作變成壓力，靈感也逐漸枯竭。

有一天，她偶然看到一位同行分享未完成的手稿。那種帶著筆觸痕跡、甚至還有擦拭痕跡的作品，卻呈現出一種真實而動人的生命力。

語珊突然明白，完美並非唯一的價值。她開始嘗試接納作品中的不完美，甚至在創作過程中故意留下自然流露的筆觸。

結果，她的作品反而更具靈動感，吸引了更多觀眾共鳴。語珊學會放下對完美的執著，轉而擁抱創作中的流動感與自由步伐。

這個轉變，不僅讓她的作品煥發新生命，也讓她的生活變得更加輕盈自在。

6. 把未完成當作自我探索的起點

當我們把「未完成」視為出發點,而非終點,我們的人生視角就會徹底改變。

未完成,意味著我們仍有無限的探索空間。每一次挑戰,都是新學習的機會;每一次調整,都是自我成長的契機。

把未完成當作探索的起點,我們便能用更開闊的心態迎接生活中的每一段旅程。即使前方的路途尚未明朗,我們也能懷抱期待,勇敢邁步向前。

這樣的態度,能讓我們的人生始終保持新鮮感,也讓我們在持續探索中發現更多的自己。

7. 用開放心態迎接人生的風景

生活的風景,隨時都在變化。四季更替、潮起潮落,無論我們是否準備好,變化都在悄然發生。

與其抗拒,不如用開放心態欣賞這些變化。當我們放下執著,學會接受生活的流動,就能從中發現新的美好。

第八章　由內而外散發光芒

- 在挑戰中發現成長：每一次困難，都是擴展能力的機會。
- 在轉折中尋找啟發：改變方向，也許會帶來意想不到的收穫。
- 在平凡中品味細膩：日常裡的小驚喜，也值得珍惜。

用開放心態，我們能讓每一段經歷都成為獨特的風景，讓生命旅程更加豐富多彩。

8. 成為永遠前行的旅人

人生的旅程沒有終點，我們都是這條路上的旅人。

當我們接受人生的流動性，不再執著於完成與否，就能輕裝上路，享受每一次探索與冒險。

成為永遠前行的旅人，我們會發現：重點不在於抵達哪裡，而是在於我們如何走過這段路。

懷著開放的心態，帶著溫柔的自我對話，我們可以不懼未知、不畏變化，欣賞沿途的每一處風景。

讓流動成為人生的常態，讓每一個未完成的篇章，成為持續書寫的精彩故事。如此，我們不僅走得更遠，也活得更豐富、更真實。

結語
擁抱自我，活出真正的幸福

　　走過這段心靈旅程，我們終於明白，幸福並不是外界賞賜的禮物，而是來自內心深處的一種踏實感。一如我們書中所探討的，當我們開始學會善待自己、珍惜自己，堅守內在的尊嚴與原則，幸福其實早已悄悄在生活中落地生根。

　　這一路走來，我們學會了溫柔地對待自己，我們開始懂得欣賞每一次努力，即使步伐緩慢，也同樣值得肯定。

　　請相信，人生從來不是一場追逐，而是一場自我發現的旅程。當我們回望內心，認清自己的價值，生活便多了一份從容。無論環境如何變化，無論他人的聲音如何起伏，內心的那盞燈始終溫暖而明亮。

　　願本書成為你在未來旅程中的夥伴。當你感到迷失時，請翻開這裡的篇章，提醒自己：你值得被溫柔以待，你的選擇值得被尊重，你的價值無須外求。

　　讓我們帶著這份認知，繼續前行。讓自我價值成為我們人生的後盾，在每一個晨曦裡迎接希望，在每一段旅途中活出燦爛的光彩。

結語　擁抱自我，活出真正的幸福

　　幸福，其實就在我們每一次溫柔對待自己的時刻裡。走出束縛，你會發現，世界早已為你敞開一扇窗，而你，也早已準備好，擁抱屬於自己的幸福未來。

國家圖書館出版品預行編目資料

建立情緒韌性，設計屬於你的心理地圖：停止討好世界，幸福不是遠方的獎勵，而是當下懂得善待自己 / 楊澄羽 著 . -- 第一版 . -- 臺北市：財經錢線文化事業有限公司，2025.06
面；　公分
POD 版
ISBN 978-626-408-284-6(平裝)
1.CST: 自我肯定 2.CST: 自我實現 3.CST: 人生哲學
177.2　　　　　　114007077

建立情緒韌性，設計屬於你的心理地圖：停止討好世界，幸福不是遠方的獎勵，而是當下懂得善待自己

作　　者：楊澄羽
發 行 人：黃振庭
出 版 者：財經錢線文化事業有限公司
發 行 者：崧燁文化事業有限公司
E - m a i l：sonbookservice@gmail.com
粉 絲 頁：https://www.facebook.com/sonbookss/
網　　址：https://sonbook.net/
地　　址：台北市中正區重慶南路一段 61 號 8 樓
8F., No.61, Sec. 1, Chongqing S. Rd., Zhongzheng Dist., Taipei City 100, Taiwan
電　　話：(02) 2370-3310　　傳　　真：(02) 2388-1990
印　　刷：京峯數位服務有限公司
律師顧問：廣華律師事務所 張珮琦律師

-版權聲明-

本書作者使用 AI 協作，若有其他相關權利及授權需求請與本公司聯繫。

未經書面許可，不可複製、發行。

定　　價：375 元
發行日期：2025 年 06 月第一版
◎本書以 POD 印製